# DOS DELITOS E DAS PENAS

# DOS DELITOS E DAS PENAS

CESARE BECCARIA

Tradução
TORRIERI GUIMARÃES

MARTIN CLARET

Título original: *Dei Delitti e Delle Pene* (1764)

DIREÇÃO
Martin Claret

PRODUÇÃO EDITORIAL
Carolina Marani Lima
Mayara Zucheli

DIREÇÃO DE ARTE E CAPA
José Duarte T. de Castro

DIAGRAMAÇÃO
Giovana Quadrotti

REVISÃO
Waldir Moraes

IMPRESSÃO E ACABAMENTO
Bartira Gráfica

Este livro segue o novo Acordo Ortográfico da Língua Portuguesa.

**Dados Internacionais de Catalogação na Publicação (CIP)**
**(Câmara Brasileira do Livro, SP, Brasil)**

Beccaria, Cesare, marchesi di, 1738-1794.
Dos delitos e das penas / Cesare Beccaria;
tradução Torrieri Guimarães. — São Paulo: Martin Claret, 2017.

Título original: Dei delitti e delle pene
ISBN 978-85-440-0139-4

1. Delito 2. Organização jurídica penal 3. Pena (Direito) I. Título

17-01186 CDU-343

Índices para catálogo sistemático:

1. Direito penal 343

EDITORA MARTIN CLARET LTDA.
Rua Alegrete, 62 – Bairro Sumaré – CEP: 01254-010 – São Paulo, SP
Tel.: (11) 3672-8144 – www.martinclaret.com.br
3ª reimpressão – 2023

# SUMÁRIO

DOS DELITOS E DAS PENAS


Prefácio do autor 9
I. Introdução 15
II. Origem das penas e do direito de punir 18
III. Consequências desses princípios 20
IV. Da interpretação das leis 21
V. Da obscuridade das leis 24
VI. Da prisão 26
VII. Dos indícios do delito e da forma dos julgamentos 28
VIII. Das testemunhas 31
IX. Das acusações secretas 34
X. Dos interrogatórios sugestivos 36
XI. Dos juramentos 37
XII. Da tortura 38
XIII. Da duração do processo e da sua prescrição 45
XIV. Dos crimes iniciados; dos cúmplices; da impunidade 48
XV. Da moderação das penas 50
XVI. Da pena de morte 53
XVII. Do banimento e das confiscações 61
XVIII. Da infâmia 62
XIX. Da publicidade e da presteza das penas 64
XX. Da inevitabilidade das penas e das graças 66
XXI. Dos asilos 68
XXII. Do uso de pôr a cabeça a prêmio 70

XXIII. Que as penas devem ser proporcionais aos delitos 71
XXIV. Da medida dos delitos 73
XXV. Divisão dos delitos 75
XXVI. Dos crimes de lesa-majestade 76
XXVII. Dos atentados contra a segurança dos particulares e sobretudo das violências 77
XXVIII. Das injúrias 79
XXIX. Dos duelos 82
XXX. Do roubo 83
XXXI. Do contrabando 84
XXXII. Das falências 85
XXXIII. Dos crimes que perturbam a tranquilidade pública 88
XXXIV. Da ociosidade 89
XXXV. Do suicídio 90
XXXVI. De alguns delitos difíceis de serem constatados 93
XXXVII. De uma espécie particular de crime 96
XXXVIII. De algumas fontes gerais de erro e de injustiças na legislação 98
XXXIX. Do espírito de família 100
XL. Do espírito do fisco 103
XLI. Dos meios de prevenir crimes 105
XLII. Conclusão 111

## APÊNDICE

Respostas às *Notas e observações* de um frade dominicano sobre o livro *Dos delitos e das penas* 113
Extrato da correspondência de Beccaria e de Morellet sobre o livro *Dos delitos e das penas* 123

# DOS DELITOS E DAS PENAS

# PREFÁCIO DO AUTOR

Fragmentos da legislação de antigo povo conquistador, compilados por ordem de um príncipe que reinou, em Constantinopla, há doze séculos, combinados depois com os costumes dos lombardos e amortalhados em um volumoso calhamaço de comentários pouco inteligíveis, são o antigo acervo de opiniões que uma grande parte da Europa prestigiou com o nome de leis; e ainda hoje, o preconceito da rotina, tão nefasto quanto difundido, faz que uma opinião de Carpozow,[1] uma velha prática preconizada por Claro,[2] um suplício que Francisco[3] imaginou com bárbara complacência continuem sendo orientações friamente seguidas por esses homens, que deveriam tremer ao decidir da vida e da sorte de seus concidadãos.

É esse código sem forma, produto monstruoso de séculos mais bárbaros, que desejo examinar nesta obra. Ficarei limitado, contudo, ao sistema criminal, cujos abusos terei a ousadia de apontar aos encarregados de velar pela felicidade pública, sem me preocupar em impor ao meu estilo o encanto que faz a sedução dos leitores comuns.

Se me foi possível indagar com liberdade a verdade, se pude elevar-me acima das opiniões do vulgo, tal independência devo à indulgência e às luzes do governo sob o qual tenho a ventura de viver. Os grandes reis e príncipes que desejam a ventura dos homens,

---

[1] Trata-se de um jurisconsulto alemão, do início do século XVII. (N. E.)

[2] Jurisconsulto piemontês, morto em 1575. (N. E.)

[3] Jurisconsulto italiano, célebre por sua crueldade. Morreu em 1618. (N. E.)

seus governados, mostram-se amigos da verdade quando esta lhes é indicada por um filósofo que, do fundo de seu retiro, demonstra uma resolução sem fanatismo e contenta-se em lutar com as armas da razão contra as empresas da violência e da intriga.

Ademais, quem examinar os abusos de que trataremos, verificará que eles constituem a sátira e a vergonha dos séculos passados, porém não do nosso século e de seus legisladores.

Se alguém desejar honrar-me criticando o meu livro, procure antes apreender bem a finalidade a que me propus. Muito ao contrário de pensar em diminuir a autoridade legítima, constatar-se-á que todos os meus esforços foram no sentido de engrandecê-la; e ela de fato se engrandecerá, quando a opinião pública puder mais do que a força, quando a indulgência e a humanidade puderem fazer que se perdoe aos príncipes o poder que têm.

Críticos houve, cujas intenções não seriam honestas, que desfecharam ataques a esta obra, modificando-a.[4] Devo interromper-me um momento, para reduzir ao silêncio a mentira azoinada, as iras do fanatismo, as calúnias soezes do ódio.

Os princípios de moral e de política que têm aceitação entre os homens derivam, quase sempre, de três fontes: a revelação, a lei natural e as convenções sociais. Entre a primeira e as duas últimas não se pode estabelecer comparação do ponto de vista dos seus fins principais; completam-se, contudo, ao tenderem igualmente a tornar os homens felizes na terra. Trazer à discussão as relações das convenções sociais não significa atacar as relações que podem ser encontradas entre a revelação e a lei natural.

Desde que esses preceitos divinos, ainda que imutáveis, de mil maneiras foram desnaturados nos espíritos corruptos, seja pela maldade humana, seja pelas falsas religiões, seja pelas ideias arbitrárias de virtude e de vício, parece que é necessário verificar (deixando de lado quaisquer considerações estranhas) os resultados das simples convenções humanas, quer tenham sido realmente realizadas essas

---

[4] Alusão ao Frade Vincenzo Facchinei di Gorfri, autor *de Notas e observações*, cuja resposta encontra-se no apêndice deste livro. (N. E.)

convenções, quer se suponha que sejam vantajosas para todos. Todas as opiniões e os sistemas de moral devem obrigatoriamente reunir-se nesse ponto, e jamais seriam bastante enaltecidos os louváveis esforços feitos para reconduzir os mais obstinados e os mais incrédulos aos princípios que levam os homens a viver em sociedade.

Podem, portanto, distinguir-se três espécies de virtudes e de vícios, a fonte dos quais está do mesmo modo na religião, na lei natural e nas convenções políticas. Nunca essas três espécies devem estar em contradição entre si; não atingem, entretanto, os mesmos resultados e não obrigam aos mesmos deveres. A lei natural é menos exigente que a revelação, e as convenções na sociedade menos do que a lei natural. Desse modo, é de fundamental importância distinguir com cuidado os efeitos dessas convenções, isto é, dos pactos expressos ou tácitos que os homens fizeram entre eles, pois nisso é que deve residir o exercício legítimo da força, em tais relações entre homem e homem, que não requerem a missão especial do Ser Supremo.

Pode-se dizer, pois, com razão, que as ideias da virtude política variam. Seriam sempre límpidas e exatas as da virtude natural se as debilidades e as paixões humanas não ofuscassem a sua pureza. As ideias da virtude religiosa não mudam, são constantes, porque foram de imediato reveladas por Deus mesmo, que as mantém inalteráveis.

Pode, portanto, aquele que discorre sobre convenções sociais e seus resultados receber a acusação de que demonstra princípios em desacordo com a lei natural e a revelação, porque nada diz a esse propósito?... Se afirma que o estado beligerante precedeu a reunião dos homens em sociedade, deve-se compará-lo a Hobbes,[5] que não supõe para o homem isolado nenhum dever, nenhuma obrigação natural?... Não se pode, ao contrário, considerar o que ele diz como um fato, que foi apenas a consequência da corrupção humana e da ausência das leis? Finalmente, não é errado criticar um autor que analisa os efeitos das convenções sociais porque não admite, de princípio, a própria existência dessas convenções?...

---

[5] Thomas Hobbes, filósofo inglês, autor de *O leviatã* (1588–1679). (N. E.)

A justiça divina e a justiça natural são, por sua essência, constantes e imutáveis, pois as relações que existem entre dois objetos da mesma natureza não podem jamais mudar. Mas a justiça humana, ou, se se preferir, a justiça política, como não é senão a relação que se estabelece entre uma ação e o estado mutável da sociedade, pode igualmente variar, à proporção que essa ação se torne vantajosa ou imprescindível ao estado social. Só é possível determinar com exatidão a natureza dessa justiça examinando atentamente as relações complicadas das inconstantes combinações que governam os homens.

Se todos esses princípios, em sua essência diversos, chegam a se confundir, já não se pode raciocinar com clareza a propósito dos assuntos políticos.

É atribuição dos teólogos fixar os limites entre o justo e o injusto, de acordo com a maldade ou a bondade intrínsecas da ação. Ao publicista, cabe-lhe estabelecer esses limites em política, quer dizer, sob as relações do bem e do mal que a ação possa fazer à sociedade.

Essa última finalidade não pode provocar nenhum mal à outra, pois todos conhecem o quanto a virtude política está abaixo das virtudes imutáveis que fluem da Divindade.

Torno a dizer, portanto, que, se desejarem dar ao meu livro a honra de uma crítica, não principiem atribuindo-me preceitos contrários à virtude ou à religião, porque esses preceitos não são os meus; em vez de me apontar como ímpio ou sedicioso, contentem-se em demonstrar que sou um mau lógico, ou ignorante em matéria política; não tremam a cada proposição em que faço a defesa dos interesses da humanidade; constatem a inutilidade de minhas máximas e os perigos que minha opinião pode ocasionar; façam que eu veja as vantagens das lições recebidas.

Dei um testemunho público de meus princípios religiosos e de minha submissão ao soberano, quando respondi às *Notas e observações* que foram publicadas contra a minha obra. Devo guardar silêncio quanto aos escritores que de agora em diante só me opuserem as mesmas objeções. Contudo, aquele que fizer a sua crítica com a decência e o respeito que os homens honestos se devem entre si, e aquele que tiver esclarecimento suficiente para não me obrigar a demonstrar-lhe os princípios mais elementares, de qualquer natureza que sejam, encontrará em mim um homem menos apressado a fazer a defesa de suas opiniões particulares do que um tranquilo amigo da verdade, pronto a confessar seus erros.

## § I

## INTRODUÇÃO

As vantagens da sociedade devem ser distribuídas equitativamente entre todos os seus membros.

Entretanto, numa reunião de homens, percebe-se a tendência contínua de concentrar no menor número os privilégios, o poder e a felicidade, e só deixar à maioria miséria e debilidade.

Apenas com boas leis se podem impedir esses abusos. Mas, frequentemente, os homens deixam a leis provisórias e à prudência ocasional o cuidado de regular os negócios mais importantes, quando não os confiam à vontade daqueles que têm interesse em se opor a melhores instituições e às leis sábias.

Além disso, apenas depois de terem pervagado por muito tempo em meio aos erros mais prejudiciais, depois de terem exposto mil vezes a própria liberdade e a própria existência é que, cansados de sofrer, reduzidos aos últimos extremos, os homens se determinam a remediar os males que os atormentam.

Então, finalmente, abrem os olhos a essas verdades evidentes que, em razão de sua própria simplicidade, escapam aos espíritos vulgares, incapazes de analisar os objetos e acostumados a receber sem exame e sob palavra todas as impressões que se lhes queiram propiciar.

Percorramos a História e constataremos que as leis, que deveriam constituir convenções estabelecidas livremente entre homens livres, quase sempre não foram mais do que o instrumento das paixões da minoria, ou fruto do acaso e do momento, e nunca a obra de um prudente observador da natureza humana, que tenha sabido orientar todas as ações da sociedade com esta finalidade única: *todo o bem-estar possível para a maioria.*

Felizes as nações (se existem algumas) que não esperaram que revoluções lentas e vicissitudes incertas fizessem do exceder-se do mal uma norma para o bem, e que, por meio de leis sábias, apressaram a passagem de um a outro. Como é digno de todo o reconhecimento dos homens o filósofo[6] que, do fundo de seu retiro, desconhecido e desprezado, teve a coragem de lançar na sociedade as primeiras sementes por tanto tempo infrutíferas das verdades úteis!

As verdades filosóficas, que têm sido divulgadas por toda parte pela imprensa, mostraram finalmente as reais relações que unem os soberanos aos seus súditos e os povos entre si. O comércio ganhou incentivo, e entre as nações declarou-se uma guerra industrial, a única digna de homens sábios e povos organizados.

Contudo, se as luzes de nosso século já conseguiram alguns resultados, ainda estão muito distantes de ter dissipado todos os preconceitos que alimentávamos. Não houve um que se erguesse, senão fracamente, contra a barbárie das penas que estão em uso em nossos tribunais. Não houve quem se ocupasse em reformar a irregularidade dos processos criminais, essa parte da legislação tão importante quanto descurada em toda a Europa. Raramente se procurou desarraigar, em seus fundamentos, as séries de erros acumulados desde há muitos séculos; e muito poucas pessoas procuraram reprimir, pela força das verdades imutáveis, os abusos de um poder ilimitado, e extirpar os exemplos bem comuns dessa fria atrocidade que os homens poderosos julgam um de seus direitos.

Contudo, os dolorosos gemidos do fraco, que é sacrificado à ignorância cruel e aos ricos covardes; os tormentos terríveis que a barbárie inflige em crimes não provados, ou em delitos quiméricos; a

---

[6] Alusão a Jean-Jacques Rousseau, filósofo francês, autor de *Emílio*, *Contrato social*, *Nova Heloísa*, entre outros (1712–1778). (N. E.)

aparência repugnante dos xadrezes e das masmorras, cujo horror é ainda aumentado pelo suplício mais insuportável para os desgraçados, que é a incerteza; tantos métodos odiosos, difundidos por toda parte, teriam por força de despertar a atenção dos filósofos, essa espécie de magistrados que orientam as opiniões humanas.

O imortal Montesquieu[7] apenas ocasionalmente pôde abordar essas importantes questões. Se eu me encaminhei pelas pegadas luminosas desse grande homem, é porque a verdade é uma e a mesma em toda parte. Contudo, os que sabem pensar — e é apenas para estes que eu escrevo — saberão diferençar os meus passos dos seus. Julgar-me-ei muito feliz se, como ele, puder contar com o vosso secreto reconhecimento, ó vós, discípulos abscônditos e pacíficos da razão! Serei feliz se puder provocar alguma vez esse frêmito pelo qual as almas sensíveis respondem à voz dos defensores da humanidade!

Este seria, talvez, o instante de examinar e diferençar as diversas espécies de delitos e a maneira de os punir; contudo, o número e a diversidade dos crimes, de acordo com as várias circunstâncias de tempo e de lugar, nos atirariam por um atalho imenso e cansativo. Limitar-me-ei, portanto, a indicar os princípios mais gerais, as faltas mais comuns e os erros mais funestos, evitando, do mesmo modo, os excessos daqueles que, por um amor mal compreendido da liberdade, buscaram introduzir a desordem, e daqueles que gostariam de submeter os homens à regularidade dos claustros.

Contudo, qual a origem das penas, e em que se funda o direito de punir? Quais as punições que se devem aplicar aos diferentes crimes? A pena de morte será verdadeiramente útil, necessária, imprescindível para a segurança e a estabilidade social? Serão justos os tormentos e as torturas? Levarão ao fim proposto pelas leis? Quais são os meios mais apropriados para prevenir os delitos? As mesmas penas serão igualmente úteis em todas as épocas? Qual a influência que exercem sobre os costumes?

---

[7] Charles de Secondat, Barão de Montesquieu, autor de *Cartas persas* e *O espírito das leis* (1689–1755). (N. E.)

Todos esses problemas merecem que se procure resolvê-los com essa exatidão geométrica que triunfa sobre a destreza dos sofismas, das dúvidas e das seduções da eloquência.

Sentir-me-ia muito feliz se não tivesse outro mérito além do de ter sido o primeiro a apresentar, na Itália, com maior clareza, o que outras nações ousaram escrever e já começam a pôr em prática.

Contudo, se, por sustentar os direitos do gênero humano e da verdade invencível, contribuí para salvar da morte atroz algumas das trêmulas vítimas da tirania ou da ignorância igualmente prejudicial, as bênçãos e as lágrimas de apenas um inocente reconduzido aos sentimentos da alegria e da ventura confortar-me-iam do desprezo do resto dos homens.

## § II

## ORIGEM DAS PENAS E DO DIREITO DE PUNIR

A moral política não pode oferecer à sociedade nenhuma vantagem durável, se não estiver baseada em sentimentos indeléveis do coração do homem.

Qualquer lei que não estiver fundada nessa base achará sempre uma resistência que a constrangerá a ceder. Desse modo, a menor força, aplicada continuamente, destrói por fim um corpo de aparência sólida, pois lhe imprimiu um movimento violento.

Façamos uma consulta, portanto, ao coração humano; encontraremos nele os preceitos essenciais do direito de punir.

Ninguém faz graciosamente o sacrifício de uma parte de sua liberdade apenas visando ao bem público. Tais fantasias apenas existem nos romances. Cada homem somente por interesses pessoais está ligado às diversas combinações políticas deste globo; e cada um desejaria, se possível, não estar preso pelas convenções que obrigam os demais homens. Sendo o crescimento do gênero humano, apesar de lento e pouco considerável, muito superior aos meios de que dispunha a natureza estéril e abandonada, para satisfazer necessidades que se tornavam cada dia mais numerosas e entrecruzando-se de mil modos, os primeiros homens, até então em estado selvagem, foram forçados a agrupar-se. Constituídas algumas sociedades, logo se formaram outras, pela necessidade surgida de se resistir às primeiras, e assim viveram esses bandos, como haviam feito os indivíduos, em permanente estado de beligerância entre si. As leis foram as condições que agruparam os homens, no início independentes e isolados, à superfície da terra.

Fatigados de só viver em meio a temores e de encontrar inimigos em toda parte, cansados de uma liberdade cuja incerteza de conservá-la tornava inútil, sacrificaram uma parte dela para usufruir do restante com mais segurança. A soma dessas partes de liberdade, assim sacrificadas ao bem geral, constituiu a soberania na nação; e aquele que foi encarregado pelas leis como depositário dessas liberdades e dos trabalhos da administração foi proclamado o soberano do povo.

Não era suficiente, contudo, a formação desse depósito; era necessário protegê-lo contra as usurpações de cada particular, pois a tendência do homem é tão forte para o despotismo, que ele procura, incessantemente, não só retirar da massa comum a sua parte de liberdade, como também usurpar a dos outros.

Eram necessários meios sensíveis e muito poderosos para sufocar esse espírito despótico, que logo voltou a mergulhar a sociedade em seu antigo caos. Tais meios foram as penas estabelecidas contra os que infringiam as leis.

Referi que esses meios precisaram ser sensíveis, pois a experiência comprovou o quanto a maioria está longe de subscrever os princípios estáveis de conduta. Percebe-se, em todas as partes do mundo físico e moral, um princípio universal de dissolução, cuja ação somente pode ser impedida em seus efeitos sobre a sociedade por meios que causem imediata impressão aos sentidos e que se fixem nos espíritos, para contrabalançar por impressões fortes a força das paixões particulares, em geral opostas ao bem comum. Qualquer outro meio não seria suficiente. Quando as paixões são fortemente abaladas pelos objetos presentes, os discursos mais sábios, a eloquência mais arrebatadora, as verdades mais excelsas não passam, para elas, de freios impotentes, que logo arrebentam.

Desse modo, somente a necessidade obriga os homens a ceder uma parcela de sua liberdade; disso advém que cada qual apenas concorda em pôr no depósito comum a menor porção possível dela, quer dizer, exatamente o que era necessário para empenhar os outros em mantê-lo na posse do restante.

A reunião de todas essas pequenas parcelas de liberdade constitui o fundamento do direito de punir. Todo exercício do poder que deste fundamento se afastar constitui abuso e não justiça; é um poder de fato e não de direito;[8] constitui usurpação e jamais um poder legítimo.

As penas que vão além da necessidade de manter o depósito da salvação pública são injustas por sua natureza; e tanto mais justas serão quanto mais sagrada e inviolável for a segurança e maior a liberdade que o soberano propiciar aos súditos.

## § III

## CONSEQUÊNCIAS DESSES PRINCÍPIOS

A primeira consequência que se tira desses princípios é que apenas as leis podem indicar as penas de cada delito e que o direito de estabelecer leis penais não pode ser senão da pessoa do legislador, que representa toda a sociedade ligada por um contrato social.

---

[8] Observe-se que o termo "direito" não contradiz o termo "força". O direito é a força submetida a leis para proveito da maioria. Compreendo por justiça os liames que prendem de modo estável os interesses particulares. Se tais liames se partissem, não existiria sociedade. É preciso que se evite ligar a palavra "justiça" à ideia de uma força física ou de um ser existente. A justiça é pura e simplesmente o ponto de vista pelo qual os homens olham as coisas morais para o bem-estar de cada um. Não pretendo dizer aqui de justiça de Deus, que é de outra natureza, tendo relações imediatas com os castigos e as recompensas de uma vida futura. (N. A.)

Ora, o magistrado, que é parte dessa sociedade, não pode com justiça aplicar a outro partícipe dessa sociedade uma pena que não esteja estabelecida em lei; e, a partir do momento em que o juiz se faz mais severo do que a lei, ele se torna injusto, pois aumenta um novo castigo ao que já está prefixado. Depreende-se que nenhum magistrado pode, mesmo sob o pretexto do bem público, aumentar a pena pronunciada contra o crime de um cidadão.

A segunda consequência é que o soberano, representando a própria sociedade, apenas pode fazer leis gerais, às quais todos devem obediência; não é de sua competência, contudo, julgar se alguém violou tais leis.

Efetivamente, em caso de delito, existem duas partes: o soberano, que diz ter sido violado o contrato social; e o acusado, que nega essa violação. É necessário, portanto, que exista entre ambos um terceiro que venha a decidir a contestação. Essa terceira pessoa é o magistrado, cujas decisões são sem apelo e que deve simplesmente pronunciar se há delito ou não.

Em terceiro lugar, ainda que a atrocidade das penas não fosse reprovada pela filosofia, que é a mãe das virtudes benéficas e, por esse motivo, esclarecida, que prefere governar homens felizes e livres a dominar covardemente um rebanho de tímidos escravos; ainda que os castigos cruéis não se opusessem diretamente ao bem público e à finalidade que se lhes atribui, a de obstar os crimes, será suficiente provar que essa crueldade é inútil, para considerá-la então odiosa, revoltante, em desacordo com a justiça e com a natureza mesma do contrato social.

## § IV

## DA INTERPRETAÇÃO DAS LEIS

Advém, ainda, dos princípios firmados precedentemente que os julgadores dos crimes não podem ter o direito de interpretar as leis penais, pela própria razão de não serem legisladores. Os juízes não receberam as leis como uma tradição doméstica, ou testamento dos nossos avoengos, que deixaria aos descendentes somente a missão de obedecer. Eles as recebem da sociedade viva, ou do soberano, que representa essa sociedade, como depositário legítimo do resultado atual da vontade geral.

Não se imagine que a autoridade das leis se baseie na obrigação de dar execução a antigas convenções;[9] essas antigas convenções são nulas, visto que não puderam unir vontades que não existiam. Não é possível, sem cometer injustiça, exigir a sua execução; seria reduzir os homens a não serem mais que vil rebanho sem vontade e sem direitos. As leis tomam sua força da necessidade de guiar os interesses particulares para o bem geral e do juramento formal ou tácito que os cidadãos vivos voluntariamente prestaram ao rei. Qual será, então, o legítimo intérprete das leis? O soberano, isto é, o depositário das vontades atuais de todos; e nunca o juiz, cujo dever consiste exclusivamente em examinar se tal homem cometeu ou não um ato ofensivo às leis.

O juiz deve fazer um *silogismo* perfeito. A premissa *maior* deve ser a lei geral; a *menor*, a ação conforme ou não à lei; a *consequência*, a liberdade ou a pena. Se o juiz for obrigado a elaborar um raciocínio a mais, ou se o fizer por sua conta, tudo se torna incerto e obscuro.

Não há nada mais perigoso do que o axioma comum, de que é necessário consultar o espírito da lei. Adotar esse axioma é quebrar todos os diques e abandonar as leis à torrente das opiniões. Tal verdade

---

[9] Se cada cidadão tem obrigações a cumprir para com a sociedade, a sociedade tem igualmente obrigações a cumprir para com cada cidadão, pois a natureza de um contrato consiste em obrigar igualmente as duas partes contratantes. Essa cadeia de obrigações mútuas, que desce do trono até a choupana e que une de modo igual o maior e o menor dos componentes da sociedade, tem como finalidade única o interesse público, que consiste na observação das convenções úteis à maioria. Violada em uma de tais convenções, abre-se a porta à desordem. A palavra obrigação é uma das que se utilizam com mais frequência em moral do que em qualquer outra ciência. Existem obrigações a cumprir no comércio e na sociedade. Uma obrigação supõe um raciocínio moral, convenções raciocinadas; não se pode, contudo, emprestar à palavra "obrigação" uma ideia física ou real. É um termo abstrato que precisa de explicação: ninguém pode obrigar-vos a respeitar obrigações sem saberdes quais são essas obrigações. (N. A.)

me parece estar demonstrada, ainda que pareça um paradoxo aos espíritos comuns, que se impressionam mais fortemente com uma ínfima desordem atual do que com consequências distantes, porém mil vezes mais funestas, de um só preceito falso estabelecido em uma nação.

Todos os nossos conhecimentos, todas as nossas ideias se conservam. Quanto mais complicadas, tanto maiores as suas relações e consequências.

Cada homem tem a sua maneira de ver; e o mesmo homem, em épocas distintas, vê diversamente os mesmos objetos. O espírito de uma lei seria, pois, o resultado da boa ou da má lógica de um juiz, de uma digestão fácil ou penosa, da debilidade do acusado, da violência das paixões do magistrado, de suas relações com o ofendido, enfim, da reunião de todas as pequenas causas que modificam as aparências e transmutam a natureza dos objetos no espírito mutável do homem.

Veríamos, desse modo, a sorte de um cidadão mudar de face ao transferir-se para outro tribunal, e a vida dos desgraçados estaria à mercê de um errôneo raciocínio ou da bile de um juiz. Constataríamos que o juiz interpreta apressadamente as leis, segundo as ideias vagas e obscuras que estivessem, no momento, em seu espírito. Veríamos os mesmos delitos punidos diferentemente em épocas diversas, pelo mesmo tribunal, porque, em vez de ouvir a voz constante e invariável das leis, ele se entregaria à instabilidade enganadora das interpretações ocasionais.

Essas irregularidades nocivas podem ser postas em paralelo com os inconvenientes momentâneos que a observação literal das leis algumas vezes provoca?

Pode ser que esses inconvenientes passageiros forcem o legislador a fazer, no texto dúbio de uma lei, correções necessárias e fáceis. Contudo, seguindo a letra da lei, não se terá ao menos de temer esses raciocínios funestos, nem essa licença envenenada de tudo explicar de modo arbitrário e muitas vezes com intenção dolosa?

Quando as leis forem fixas e literais, quando apenas confiarem ao magistrado a missão de examinar os atos dos cidadãos, para indicar se esses atos são conformes à lei escrita, ou se a contrariam;

quando, finalmente, a regra do justo e do injusto, que deve orientar em todos os seus atos o homem sem instrução e o instruído, não constituir motivo de controvérsia, porém simples questão de fato, então não se verão mais os cidadãos submetidos ao poder de uma multidão de ínfimos tiranos, tanto mais intoleráveis quanto menor é a distância entre o opressor e o oprimido; que se fazem tanto mais cruéis quanto maior resistência encontram, pois a crueldade dos tiranos é proporcional, não às suas forças, porém aos entraves que lhes são opostos; e são tanto mais nefastos quanto não há quem possa libertar-se de seu jugo senão submetendo-se ao despotismo de um só.

Com leis penais cumpridas à letra, qualquer cidadão pode calcular exatamente os inconvenientes de uma ação reprovável; e isso é útil, pois esse conhecimento poderá fazer que se desvie do crime. Gozará, com segurança, de sua liberdade e de seus bens; e isso é justo, pois que esse é o fim que leva os homens a se reunirem em sociedade.

É certo, também, que os cidadãos adquirirão desse modo um certo espírito de independência e serão menos sujeitos àqueles que ousaram conferir o nome sagrado de virtude à covardia, às fraquezas e às complacências cegas; estão, contudo, menos sujeitos às leis e à autoridade dos magistrados.

Esses princípios irão sem dúvida desagradar aos déspotas subalternos que se arrogaram o direito de esmagar os seus inferiores com o peso da tirania que suportam. Eu poderia temer tudo, se tais tiranetes se lembrassem um dia de ler o meu livro e compreendê-lo; mas os tiranos não leem.

## § V

## DA OBSCURIDADE DAS LEIS

Se a arbitrária interpretação das leis constitui um mal, a sua obscuridade o é igualmente, pois precisam ser interpretadas. Tal inconveniente ainda é maior quando as leis não são escritas em língua comum.[10]

Enquanto o texto das leis não for um livro familiar, como um catecismo, enquanto elas forem redigidas em língua morta e não conhecida do povo, e enquanto forem, de maneira solene, mantidas como oráculos misteriosos, o cidadão que não puder aquilatar por si próprio as consequências que devem ter os atos que pratica sobre a sua liberdade e sobre seus bens estará dependendo de um pequeno número de homens que são depositários e intérpretes das leis.

Ponde o texto sagrado das leis nas mãos do povo e, quanto mais homens o lerem, menos delitos haverá; pois não é possível duvidar que, no espírito do que pensa cometer um crime, o conhecimento e a certeza das penas coloquem um freio à eloquência das paixões.

Que pensar dos homens ao se refletir que as leis da maior parte das nações estão redigidas em línguas mortas e que esse uso bárbaro subsiste ainda hoje nos países mais esclarecidos da Europa?

Dessas últimas reflexões depreende-se que, em um conjunto de leis escritas, nunca poderá uma sociedade adotar uma forma de governo fixa, na qual a força esteja posta no corpo político e não nos que compõem esse corpo; em que as leis não possam ser alteradas nem destruídas pelo entrechocar-se de interesses particulares, nem serem reformadas senão pelo consenso unânime.

A razão e a experiência demonstraram quantas tradições humanas se fazem mais duvidosas e mais contestadas, à proporção que a gente se afasta de sua fonte. Ora, se não há um instante estável no pacto social, como poderão as leis resistir ao movimento sempre vitorioso do tempo e das paixões?

Por aí se observa, do mesmo modo, a utilidade da imprensa, que pode, ela somente, fazer todo o público, e não apenas alguns particulares, depositário do sagrado código das leis.

A imprensa dissipou esse tenebroso espírito de cabala e de intrigas, que não suporta a luz e finge desprezar as ciências somente porque secretamente as teme.

---

[10] Ou seja, em vernáculo e não em latim. (N. E.)

Se atualmente, na Europa, são em menor número esses crimes horrendos que assombravam nossos pais, se deixamos finalmente esse estado de barbárie que fazia de nossos antepassados ora escravos ora tiranos, à imprensa o devemos.

Aqueles que estão de posse do conhecimento da história de dois ou três séculos, e também do nosso, podem constatar que a humanidade, a generosidade, a complacência mútua e as mais doces virtudes tiveram origem no seio do luxo e da indolência. Quais foram, ao contrário, as virtudes de tais épocas que, tão fora de propósito, são chamadas séculos de boa-fé e da simplicidade antiga?

A humanidade sofria o jugo da inexorável superstição; a avareza e a ambição de um reduzido número de homens poderosos enchiam de sangue humano os palácios dos senhores e os tronos dos reis. Havia traições secretas e morticínios públicos. O povo tinha na nobreza apenas opressores e tiranos; e os que pregavam o Evangelho, enodoados na carnificina e com as mãos cheias de sangue, ousavam oferecer aos olhos do povo um Deus misericordioso e de paz.

Aqueles que se erguem contra a pretensa corrupção do grande século em que estamos vivendo não acharão ao menos que esse quadro abominável lhes possa servir.

## § VI

## DA PRISÃO

Concede-se, em geral, aos magistrados incumbidos de fazer as leis, um direito que contraria o fim da sociedade, que é a segurança pessoal; refiro-me ao direito de prender, de modo discricionário, os cidadãos, de vedar a liberdade ao inimigo sob pretextos frívolos e, consequentemente, de deixar em liberdade os seus protegidos, apesar de todas as evidências do delito.

Como se tornou tão frequente um erro tão prejudicial? Ainda que a prisão seja diferente de outras penalidades, pois deve, necessariamente, preceder a declaração jurídica do delito, nem por isso deixa de ter, como todos os demais castigos, o caráter essencial de que apenas à lei cabe indicar o caso em que se há de empregá-la.

Assim, a lei deve estabelecer, de maneira fixa, por que indícios de delito um acusado pode ser preso e submetido a interrogatório.

O clamor público, a fuga, as confissões particulares, o depoimento prestado por um cúmplice no crime, as ameaças que foram feitas pelo acusado, seu ódio sem limites ao ofendido, um corpo de delito palpável e outras presunções semelhantes são suficientes para permitir a prisão de um cidadão. Esses indícios, contudo, precisam ser especificados de modo estável pela lei, e não pelo juiz, cujas sentenças são um atentado à liberdade pública, quando não são apenas a aplicação particular de uma máxima geral emanada do código das leis.

À proporção que as penas forem mais suaves, quando as prisões deixarem de ser a horrível mansão do desespero e da fome, quando a piedade e a humanidade adentrarem as celas, quando, finalmente, os executores implacáveis dos rigores da justiça abrirem o coração à compaixão, as leis poderão satisfazer-se com provas mais fracas para pedir a prisão.

A prisão não deveria deixar qualquer pecha de infâmia sobre o acusado cuja inocência foi juridicamente reconhecida. Entre os romanos, quantos cidadãos não vemos, acusados anteriormente de crimes bárbaros, mas em seguida reconhecidos inocentes, receberem do amor do povo os primeiros cargos do Estado? Por que razão, em nossos dias, é tão diversa a sorte de um inocente preso?

A razão está em que o sistema atual da jurisprudência criminal apresenta aos nossos espíritos a ideia da força e do poder, em vez da justiça; é que se atiram, na mesma masmorra, sem distinção alguma, o inocente suspeito e o criminoso convicto; é que a prisão, entre nós, é antes de tudo um suplício e não um meio de deter um acusado; é que, enfim, as forças que estão externamente em defesa do trono e dos direitos da nação estão separadas daquelas que mantêm as leis no interior, quando deveriam estar intimamente ligadas.

Na opinião pública, desonram muito menos as prisões militares do que as prisões civis. Se as tropas do Estado, unidas sob a autoridade das leis comuns, sem entretanto estarem na dependência imediata dos magistrados, tivessem o encargo de guardar as prisões, a mancha da infâmia desapareceria ante o aparato e o fausto que seguem os corpos militares; pois, em geral, a infâmia, assim como tudo o que fica na dependência das opiniões populares, se liga mais à forma do que ao fundo.

Contudo, como as leis e os usos de um povo estão sempre atrasados em vários séculos em relação aos progressos atuais, mantemos ainda a barbárie e as ideias ferozes dos caçadores do Norte, nossos selvagens antepassados.

Nossos costumes e nossas leis retrógradas estão muito distantes das luzes dos povos. Somos ainda dominados pelos preconceitos bárbaros que recebemos como herança de nossos antepassados, os bárbaros caçadores do Norte.

## § VII

## DOS INDÍCIOS DO DELITO E DA FORMA DOS JULGAMENTOS

Aqui está um teorema geral, que pode ser de muita utilidade para calcular a certeza de um fato e, sobretudo, o valor que têm os indícios de um delito:

Quando as provas de um fato se apoiam todas entre si, isto é, quando os indícios do crime não se mantêm senão apoiados uns nos outros, quando a força de inúmeras provas dependem de uma só, o número dessas provas nada acrescenta nem subtrai na probabilidade do fato: merecem pouca consideração, porque, se destruís a única prova que parece certa, derrocareis todas as demais.

Quando, porém, as provas independem umas das outras, isto é, quando cada indício pode ser provado separadamente, quanto mais numerosos forem esses indícios, tanto mais provável será o delito, porque a falsidade de uma prova em nada influi sobre a certeza das restantes.

Não se admirem de ver-me empregar a palavra probabilidade ao tratar de crimes que, para merecerem um castigo, devem ser comprovados; pois, a rigor, toda certeza moral não é senão uma probabilidade, que merece, porém, ser considerada como uma certeza, quando todo homem de bom senso é obrigado a lhe dar o seu consentimento, por uma espécie de hábito natural que advém da necessidade de agir que é anterior a qualquer especulação.

A certeza que se requer para convencer um culpado é, portanto, a mesma que instrui todos os homens nos seus mais importantes negócios.

As provas de um delito podem distinguir-se em provas perfeitas e provas imperfeitas. As provas perfeitas são aquelas que demonstram positivamente que é impossível ser o acusado inocente. As provas são imperfeitas quando a possibilidade de inocência do acusado não é excluída.

Basta uma prova perfeita para autorizar a condenação; se se desejar, contudo, condenar baseado em provas imperfeitas, visto que cada prova dessas não estabelece a impossibilidade da inocência do réu, é necessário que se apresentem em número muito grande para valerem como uma prova perfeita, isto é, para provarem, todas juntas, que é impossível não ser o acusado culpado.

Acrescentarei ainda que as provas imperfeitas, às quais o acusado nada opõe de satisfatório, ainda que deva, quando inocente, ter os meios para se justificar, tornam-se por esse mesmo motivo provas perfeitas.

É, contudo, mais fácil sentir essa certeza moral de um delito do que defini-la exatamente. Essa razão é que me fez encarar como sábia a lei que, em algumas nações, dá ao juiz principal assessores que não são da escolha do magistrado, porém que foram livremente designados pela sorte; porque então a ignorância, que julga pelo sentimentalismo, está menos propensa ao erro do que o homem instruído que resolve de acordo com a incerta opinião.

Quando as leis são exatas e claras, o dever do juiz fica limitado à constatação do fato. Se são necessárias destreza e habilidade na investigação das provas de um delito, se são requeridas clareza e exatidão no modo de apresentar-se o resultado, para julgar de acordo com esse mesmo resultado, é suficiente o simples bom senso: guia menos enganador do que todo o saber do juiz acostumado a procurar apenas culpados por toda parte e levar tudo ao sistema que adotou segundo os seus estudos.

Felizes as nações entre as quais o conhecimento das leis não é uma ciência.

Lei sábia e de efeitos sempre felizes é aquela que prescreve que cada qual seja julgado por seus iguais; pois, em se tratando da fortuna e da liberdade de um cidadão, todos os sentimentos que a desigualdade inspira devem silenciar. Ora, o desprezo do homem poderoso para com a vítima da desgraça, e a indignação que sente o homem de condição medíocre pelo culpado que está acima dele pela sua condição, são sentimentos perigosos que não existem nos julgamentos de que falo.

Quando culpado e ofendido estão em condições desiguais, devem-se escolher os juízes, parte entre os iguais do acusado e parte entre os do ofendido, a fim de contrapesar desse modo os interesses pessoais, que mudam, mau grado nosso, as aparências das coisas, e para deixar que falem apenas a verdade e as leis.

É igualmente justo que o culpado possa recusar um certo número de juízes que lhe parecerem suspeitos e, caso o acusado goze constantemente desse direito, deve exercê-lo com reserva; pois, de outro modo, pareceria condenar-se a si mesmo.

Os julgamentos devem ser públicos; também devem-no ser as provas do crime; e a opinião, que é talvez o único liame das sociedades, porá freio à violência e às paixões. O povo dirá: "Nós não somos escravos, porém protegidos pelas leis". Tal sentimento de segurança, que inspira a coragem, é o mesmo que um tributo para o soberano que tem na sua devida conta os seus legítimos interesses.

Não entrarei em outros pormenores a respeito das precauções que exige o estabelecimento dessas espécies de instituições. Para aqueles aos quais é preciso dizer-se tudo, tudo eu diria inutilmente.

## § VIII

## DAS TESTEMUNHAS

Em toda boa legislação é importante determinar de modo preciso o grau de confiança que se deve dar às testemunhas e à natureza das provas que são necessárias para a verificação do delito.

Todo homem razoável, vale dizer, todo homem que puser ligação em suas ideias e que experimentar as mesmas sensações que os demais homens, poderá ser recebido em testemunho. Contudo, a confiança que se depositar nele deve ser medida pelo interesse que ele tem em dizer ou não a verdade.

É, portanto, por razões frívolas e absurdas que as leis não admitem em testemunho nem as mulheres, em razão da sua fraqueza, nem os condenados, visto que estes morreram civilmente, nem as pessoas marcadas de infâmia, pois, em todos esses casos, uma testemunha pode falar a verdade quando não tem qualquer interesse em mentir.

Entre os abusos de palavras que exerceram certa influência nos negócios deste mundo, um dos mais flagrantes é aquele que faz considerar nulo o depoimento de um culpado já condenado. Sisudos juristas fazem este raciocínio: "Este homem foi atingido por morte civil; ora, um morto não é capaz de nada..." Muitas vítimas foram sacrificadas a essa vã metáfora; e com freqüência se tem contestado com seriedade à verdade santa o direito de preferência sobre as formas judiciárias.

Indubitavelmente, é necessário que os depoimentos de um culpado já condenado não possam atrasar o curso da justiça; porém, por que, após a sentença, não conceder aos interesses da verdade e à terrível situação do culpado alguns momentos ainda, para justificar, se possível, ou aos seus cúmplices ou a si próprio, com depoimentos novos que alteram a natureza do fato?

As formalidades e as criteriosas procrastinações são necessárias nos processos criminais, ou porque nada deixam à arbitrariedade do juiz, ou porque fazem entender ao povo que os julgamentos se fazem com solenidade e de acordo com as regras, e não precipitadamente ditados pelo interesse; ou, por fim, porque a maioria dos homens, escravos dos usos, e mais propensos a sentir do que a refletir, fazem assim uma ideia mais solene das funções do magistrado.

A verdade, frequentemente muito simples ou muito complicada, tem necessidade de alguma pompa exterior para merecer o respeito popular.

As formalidades, contudo, podem ser fixadas, por leis, nos limites em que não possam vir a prejudicar a verdade. De outra maneira, seria nova fonte de inconvenientes funestos.

Afirmei que se podia admitir em testemunho qualquer pessoa que não tenha qualquer interesse em mentir. Deve-se, portanto, conceder à testemunha maior ou menor confiança, na proporção do ódio ou da amizade que tem ao acusado e de outras relações mais ou menos estreitas que ambos mantenham.

Uma só testemunha não é suficiente porque, se o acusado nega o que a testemunha afirma, nada resta de certo e a justiça então tem de respeitar o direito que cada qual tem de se considerar inocente.[11]

---

[11] Entre os criminalistas, pelo contrário, a confiança que merece uma testemunha cresce na proporção da atrocidade do delito. Apoiam-se eles neste axioma de ferro, ditado pela mais hedionda estupidez: *In atrocissimis leviores conjecturae sufficiunt, et licet judici jura transgredi*. Traduzamos esta máxima cruel para que a Europa conheça ao menos um dos revoltantes e tão numerosos princípios aos quais está submetida quase sem o saber: "Nos crimes mais hediondos, isto é, menos prováveis, são suficientes as mais ligeiras circunstâncias, e o magistrado pode colocar-se acima das leis". Os absurdos em uso na legislação são frequentemente o resultado do medo, raiz inesgotável das inconsequências e dos erros dos homens. Os legisladores, ou melhor, os jurisconsultos, cujas opiniões são consideradas depois de sua morte como espécies de oráculos, e que, como escritores vendidos ao interesse, se fizeram árbitros soberanos da sorte dos homens, os legisladores, volto a dizer, temerosos de ver condenar inocentes, sobrecarregaram a jurisprudência de formalidades e de exações inúteis, cuja exata observação poria a desordem e a impunidade no trono da justiça. Outras vezes, espantados com certos crimes terríveis e difíceis de serem provados, julgaram que deviam desprezar tais formalidades que eles mesmos haviam estabelecido. Foi assim que, dominados ora por uma tirania impertinente, ora por receios pueris, fizeram dos julgamentos mais graves uma espécie de jogo abandonado ao acaso e aos caprichos do juiz. (N. A.)

Precisa-se dar às testemunhas um crédito tanto mais sério quanto mais atrozes são os crimes e mais inacreditáveis as circunstâncias. Assim são, por exemplo, as acusações de feitiçaria e as ações gratuitamente cruéis. No primeiro caso, é melhor crer que as testemunhas estão mentindo, pois é mais comum ver vários homens caluniarem de conluio, por ódio ou por ignorância, do que ver um só homem exercer um poder que Deus negou a todo ser criado.

Do mesmo modo, não se deve admitir com precipitação a acusação de uma crueldade sem motivos, pois o homem apenas é cruel por interesse, por ódio ou por medo. O coração humano não é capaz de sentimento inútil; todos os seus sentimentos são o resultado das impressões que os objetos provocaram sobre os sentidos.

Deve-se, igualmente, dar menos crédito a um homem que faz parte de uma ordem, ou de casta, ou de sociedade privada, cujos usos e máximas são geralmente desconhecidos, ou não são idênticos aos dos usos comuns, pois, além de suas próprias paixões, esse homem ainda tem as paixões da sociedade da qual é membro.

Finalmente, os depoimentos das testemunhas devem ser quase sem valor quando se trata de algumas palavras das quais se pretende fazer um crime; pois o tom de voz, os gestos e tudo quanto precede ou acompanha as diversas ideias que os homens ligam a suas palavras alteram e mudam de tal maneira os discursos que é quase impossível repeti-los com exatidão.

As ações violentas, que são os reais delitos, deixam traços perceptíveis na maioria das circunstâncias que as acompanham e efeitos que delas derivam; porém as palavras não deixam marcas e apenas subsistem na memória, geralmente infiel e muitas vezes influenciada, dos que as escutaram.

Portanto, é infinitamente mais fácil basear uma calúnia em discursos do que sobre atos, porque o número das circunstâncias que se alegam para provar as ações fornece ao acusado mais recursos para se justificar; ao passo que um delito de palavras não apresenta, comumente, qualquer meio de justificação.

## § IX

## DAS ACUSAÇÕES SECRETAS

As acusações secretas constituem evidente abuso, porém já consagrado e tornado necessário em diversos governos, pela fraqueza de sua constituição. Esse costume torna os homens falsos e pérfidos. Aquele que suspeita que um seu concidadão é um delator vê logo nele um inimigo. Costumam então disfarçar os próprios sentimentos; e o costume de os esconder a outra pessoa faz que logo sejam dissimulados a si mesmo.

Como são dignos de piedade os homens que chegaram a esse ponto nefasto! Sem orientação, sem conselheiros e preceitos estáveis, vagam ao acaso no imenso mar da incerteza, preocupados somente em fugir aos monstros que os ameaçam. Um futuro repleto de mil perigos torna venenosos para eles os momentos presentes. Os prazeres duráveis da tranquilidade e da segurança lhes são desconhecidos. Se puderam gozar, de modo apressado e confuso, de alguns momentos de felicidade espalhados aqui e ali sobre o triste curso de sua infeliz existência, será isso bastante para confortá-los por terem vivido?

Será em meio a homens assim que encontraremos homens corajosos, que defendam a pátria e o trono? Que saibam garantir e elevar os reais interesses do soberano, com uma eloquência livre e patriótica, que coloquem aos pés do monarca a um só tempo tributos e bênçãos de todos os cidadãos, que levem ao palácio dos grandes e ao humilde teto do pobre a tranquilidade, a paz, a confiança, e que dêem ao trabalho e à indústria a esperança de uma sorte sempre mais aprazível?... É especialmente este último sentimento que reanima os Estados e lhes dá vida nova.

Quem será capaz de se defender da calúnia, quando esta se arma com o escudo mais forte da tirania: o segredo?...

Desgraçado governo aquele em que o monarca em cada súdito suspeita de um inimigo e vê-se constrangido, para garantir a paz pública, a conturbar a paz de cada cidadão!

Quais são, portanto, os motivos sobre os quais se baseiam os que justificam as acusações e as penas secretas? A paz pública? A segurança e a manutenção da forma de governo? É necessário confessar que estranha constituição é aquela na qual o governo, que tem a seu favor a força e a opinião, mais poderosa ainda do que a força, parece entretanto temer cada cidadão!

Teme-se que o acusador não esteja bem seguro? As leis são, nesse caso, insuficientes para protegê-lo, e os súditos podem mais do que os governos e as leis.

Querer-se-ia salvar o delator da infâmia a que está exposto? Seria, então, confessar que se autorizam as calúnias secretas, mas que se punem as calúnias públicas.

Terão apoio na natureza do delito? Se o governo for suficientemente infeliz para ter como crimes alguns atos indiferentes ou até úteis ao público, está com a razão: as acusações e os julgamentos, em tal caso, nunca seriam suficientemente secretos.

Pode existir, contudo, um delito, isto é, uma ofensa à sociedade, que não esteja no interesse de todos punir de modo público? Respeito todos os governos; não falo de nenhum em particular e sei que existem circunstâncias em que os abusos parecem de tal maneira próprios da constituição de um Estado, que não parece possível desarraigá-los sem destruir o corpo político. Contudo, se eu tivesse de ditar leis novas em alguma parte isolada do universo, minha mão trêmula recusar-se-ia a autorizar as acusações secretas: pensaria ver toda a posteridade atirando sobre mim a responsabilidade pelos males terríveis que elas provocam.

Montesquieu já o afirmou: "As acusações públicas estão de acordo com o espírito do governo republicano, no qual o cuidado do bem geral deve ser a primeira paixão dos cidadãos".

Nas monarquias, onde o amor pela pátria é muito débil, pela própria natureza do governo, é sábia a instituição de magistrados que têm o encargo de acusar, em nome do povo, os que infringem as leis. Contudo, todo governo, seja republicano ou monárquico, deve aplicar ao que calunia a pena que infligiria ao acusado se fosse culpado.

## § X

## DOS INTERROGATÓRIOS SUGESTIVOS

Nossa legislação proíbe que se façam interrogatórios sugestivos, isto é, os feitos a respeito do delito em si; pois, de acordo com nossos juristas, apenas se deve interrogar a propósito da maneira pela qual o crime foi cometido e a respeito das circunstâncias que o acompanham.

Um juiz não pode, entretanto, permitir as questões diretas, que sugiram ao interrogado uma resposta pronta. O juiz, ao interrogar, dizem os criminalistas, apenas deve aludir ao fato indiretamente, e jamais em linha reta.

Se esse método foi estabelecido para evitar sugerir ao acusado uma resposta que o salve, ou por ter sido considerada coisa monstruosa ou contrária à natureza um homem acusar-se a si próprio, qualquer que tenha sido a finalidade desejada com a proibição dos interrogatórios sugestivos, fez-se que as leis caíssem numa contradição bem notória, visto que ao mesmo tempo se autorizou a tortura.

Existirá, efetivamente, interrogatório mais sugestivo do que a dor? O criminoso robusto, que pode evitar uma pena longa e rigorosa, pois sofre com coragem as torturas de um momento, guarda obstinado silêncio e se vê absolvido. Contudo, a tortura arranca do homem fraco uma confissão, por meio da qual ele se liberta da dor atual, que o afeta mais duramente que todos os sofrimentos futuros.

E se um interrogatório feito de uma maneira especial vai de encontro à natureza, pois constrange o acusado a acusar-se a si mesmo, não será ele obrigado a isso de modo mais violento pelos tormentos e convulsões da dor? Os homens, contudo, ocupam-se muito mais, em sua norma de procedimento, com a diversidade das palavras do que com a das coisas.

Observemos, por fim, que aquele que teima em não responder ao interrogatório a que é submetido deve sofrer uma pena a ser estabelecida pelas leis.

É necessário que essa pena seja muito pesada; porque o silêncio de um criminoso, diante do juiz que o interroga, constitui um escândalo para a sociedade e uma ofensa para a justiça, o que se deve prevenir o mais possível.

Contudo, essa pena particular já não é mais necessária quando o crime foi verificado e o criminoso está convicto, porque em tal caso o interrogatório é inútil. De modo semelhante, as confissões do acusado não são necessárias quando provas suficientes comprovaram que ele é com certeza culpado do crime de que se trata. Este último caso é o mais comum; e a experiência indica que, na maioria dos processos criminais, os culpados negam tudo.

## § XI

## DOS JURAMENTOS

Existe outra contradição entre as leis e os sentimentos naturais: é exigir que um acusado jure dizer a verdade, quando o seu maior interesse é escondê-la. Como se o homem pudesse jurar de boa-fé que concorrerá para a sua própria destruição! Como se, na maioria dos casos, a voz do interesse não sufocasse no coração humano a da religião!

A história de todos os séculos demonstra que esse dom sagrado do céu é a coisa de que mais se abusa. E como poderão respeitá-la os criminosos, se ela é diariamente violada pelos homens considerados mais sábios e virtuosos?

As razões que a religião opõe ao temor das torturas e ao amor à existência são quase sempre débeis demais, pois não impressionam os sentidos. As coisas que dizem respeito ao céu estão submetidas a leis completamente diversas das da terra. Por que comprometer tais leis umas com as outras? Por que pôr o homem na terrível alternativa de ofender a Deus, ou decretar a própria perdição? É não deixar ao réu senão a alternativa entre ser mau cristão, ou mártir da sua jura. Destrói-se, assim, toda a força dos sentimentos religiosos, único sustentáculo da honestidade no coração da maioria dos homens; e pouco a pouco os juramentos não são mais do que uma simples formalidade sem consequências.

Recorra-se à experiência e comprovar-se-á que os juramentos são inúteis, pois não existe juiz que não convenha que nunca o juramento faz que o acusado diga a verdade. A razão indica que assim deve ser, pois todas as leis opostas aos sentimentos naturais do homem são inúteis e por conseguinte nefastas.

Essas leis podem ser comparadas a um dique que se erguesse diretamente em meio às águas de um rio para obstar-lhe o curso; ou o dique é de imediato posto abaixo pela torrente que o leva, ou sob ele se forma um abismo que o mina e o destrói insensivelmente.

## § XII

## DA TORTURA

É uma barbárie consagrada pelo uso na maioria dos governos aplicar a tortura a um acusado enquanto se faz o processo, seja para que ele confesse a autoria do crime, seja para esclarecer as contradições em que tenha caído, seja para descobrir os cúmplices ou outros crimes de que não é acusado, porém dos quais poderia ser culpado, seja finalmente porque sofistas incompreensíveis pretenderam que a tortura purgava a infâmia.

Um homem não pode ser considerado culpado antes da sentença do juiz; e a sociedade apenas lhe pode retirar a proteção pública depois que seja decidido que ele tenha violado as normas em que tal proteção lhe foi dada. Apenas o direito da força pode, portanto, dar autoridade a um juiz para infligir uma pena a um cidadão quando ainda se está em dúvida se ele é inocente ou culpado.

Aí está uma proposição muito simples: ou o crime é certo ou é incerto. Se é certo, apenas deve ser punido com a pena que a lei fixa, e a tortura é inútil, porque não se tem mais necessidade das confissões do acusado. Se o crime é incerto, não é hediondo atormentar um inocente? Efetivamente, perante as leis, é inocente aquele cujo delito não está provado.

Qual a finalidade política dos castigos? O terror que imprimem nos corações com tendências ao crime.

Contudo, o que pensar das torturas, esses suplícios secretos que a tirania utiliza na obscuridade das prisões e que são reservados tanto ao inocente como ao culpado?

O que importa é que nenhum crime conhecido fique sem punição; porém, nem sempre é útil descobrir o autor de um crime encoberto nas trevas da incerteza.

Um delito já cometido, para o qual não há mais remédio, apenas pode ser punido pela sociedade política para obstar que os outros homens incidam em outros idênticos pela esperança de ficarem impunes.

Se é certo que a maior parte dos homens respeita a lei pelo temor ou pela virtude, se é provável que um cidadão dê preferência a segui-las do que a violá-las, o juiz que ordena a tortura expõe-se constantemente a torturar inocentes.

Direi ainda que é monstruoso e absurdo exigir que um homem acuse a si mesmo, e procurar fazer nascer a verdade por meio dos tormentos, como se essa verdade estivesse nos músculos e nas fibras do infeliz! A lei que autoriza a tortura é a que afirma: "Homens, resisti à dor. A natureza dotou-vos de um amor invencível ao vosso ser, e do direito inalienável de vos defenderdes; porém eu desejo criar em vós um sentimento totalmente diverso; quero inspirar-vos um ódio a vós mesmos; ordeno-vos que sejais vossos próprios acusadores e finalmente digais a verdade em meio a torturas que vos partirão os ossos e dilacerarão os vossos músculos..."

Esse meio infame de chegar à verdade é um monumento da bárbara legislação de nossos avós, que honravam com o título de "julgamento de Deus" as provas de fogo, aquelas da água fervente e a sorte oscilante dos combates. Como se os elos dessa corrente eterna, a origem da qual reside no seio da Divindade, pudessem ser desunidos ou partir-se a cada momento, ao sabor dos caprichos e das frívolas instituições humanas!

A única diferença que existe entre a tortura e a prova de fogo é que a tortura apenas prova o delito quando o acusado quer confessar, ao passo que as provas que queimam deixavam uma marca exterior, tida como a prova do crime.

Contudo, tal diferença é mais aparente do que real. O acusado é tão capaz de não confessar o que se exige dele quanto o era antigamente de obstar, sem fraude, os efeitos do fogo e da água fervente.

Todos os atos de nossa vontade são proporcionais à força das impressões sensíveis que os causam, e a sensibilidade de todo homem é limitada. Ora, se a impressão da dor se faz muito forte para assenhorear-se de todo o poder da alma, ela não deixa a quem a sofre qualquer outra atividade que exercer a não ser tomar, no momento, a via mais curta para obstar os tormentos atuais.

Assim, o réu não pode mais deixar de responder, pois não poderia fugir às impressões do fogo e da água.

O inocente gritará, então, que é culpado, para que cessem as torturas que já não aguenta; e o mesmo meio usado para distinguir o inocente do criminoso fará desaparecer qualquer diferença entre ambos.

A tortura é frequentemente um meio certo de condenar o inocente débil e absolver o criminoso forte. É esse, comumente, o resultado terrível dessa barbárie que se considera capaz de produzir a verdade, desse costume próprio de canibais, e que os romanos, apesar da dureza de seus costumes, reservavam exclusivamente aos escravos, vítimas infelizes de um povo cuja feroz virtude tantos elogios tem recebido.

Entre dois homens, igualmente inocentes ou igualmente culpados, o mais robusto e corajoso será absolvido; o mais débil, contudo, será condenado em razão deste argumento: "Eu, juiz, tenho de achar um culpado. Tu, que és cheio de vigor, resististe à dor, razão pela qual eu te absolvo. Tu, fraco, cedeste à força dos tormentos; por isso, eu te condeno. Sei perfeitamente que uma confissão arrancada pela violência da tortura não vale nada; porém, se não confirmares agora o que confessaste, farei que te torturem de novo".

O resultado do problema está, portanto, na dependência de temperamento e de cálculo, que varia de homem para homem proporcionalmente à sua força e sensibilidade; de modo que, para prever o resultado da tortura, seria suficiente resolver a seguinte questão, antes digna de um matemático do que de um juiz: "Conhecidas a força dos músculos e a sensibilidade das fibras de um acusado, achar o grau de dor a que deve ser castigado para que se confesse culpado de determinado crime".

Interrogam a um acusado para conhecer a verdade; porém, se com tanta dificuldade a distinguem no ar, nos gestos e na fisionomia de um homem calmo, como poderão descobri-la nos traços decompostos pelas convulsões da dor, quando todos os sinais, que apontam às vezes a verdade na fronte dos culpados, estiverem alterados e confundidos?

Toda ação violenta faz sumir as pequenas diferenças dos movimentos pelos quais se distingue, às vezes, a verdade da mentira.

Outra consequência ainda muito visível advém do uso das torturas: é que o inocente se encontra em situação pior que a do culpado. Efetivamente, o inocente submetido à tortura tem tudo contra si: ou será condenado por confessar o crime que não cometeu, ou será absolvido, porém após ter passado por tormentos que não mereceu.

O culpado, ao contrário, tem por si um conjunto favorável; será absolvido se souber suportar a tortura com coragem, e fugirá aos suplícios que pesavam sobre si, sofrendo uma pena muito mais leve. Desse modo, o inocente tem tudo a perder, o culpado apenas pode ganhar.

Tais verdades são sentidas, afinal, embora confusamente, pelos próprios legisladores; porém nem por esse motivo foi suprimida a tortura. Limitam-se a considerar que as confissões dos acusados pelos suplícios são nulas se não estiverem acompanhadas pelo juramento. Se, contudo, se recusar a confirmá-las, voltará a ser torturado.

Em certos países e de acordo com certos juristas, essas odiosas violências não são permitidas mais do que três vezes; em outros, contudo, e de acordo com outros doutores, o direito de supliciar fica inteiramente a critério do juiz.

É desnecessário basear essas reflexões nos inúmeros exemplos de inocentes que se declararam culpados por causa das torturas. Não existe povo, nem século, que não possam citar os seus.

Os homens são sempre os mesmos: consideram as coisas presentes, sem se preocuparem com as consequências. Não existe homem que, alçando as suas ideias acima das primeiras necessidades da existência, não tenha escutado a voz interior da natureza chamá-lo a si e não tenha sido tentado a se lançar de novo nos braços dela. Contudo, o uso — esse tirano das almas vulgares — o comprime e o mantém no erro.

A segunda razão, pela qual se submete à tortura um homem que se imagina culpado, é a esperança de elucidar as contradições em que ele incorreu nos interrogatórios que o fizeram padecer. Contudo, o medo da tortura, a incerteza do julgamento que vai ser enunciado, o tom solene dos processos, a majestade do juiz, a própria ignorância, igualmente comum à maioria dos acusados inocentes ou culpados, são outros tantos motivos para fazer cair em contradição, não somente a inocência que treme como o crime que tenta esconder-se.

Acreditar-se-ia que as contradições, tão comuns no homem, inclusive quando este tem o espírito tranquilo, não se multiplicarão nesses instantes conturbados, quando a ideia de fugir a um perigo iminente absorve toda a alma?

Em terceiro lugar, submeter um acusado ao suplício, para descobrir se é culpado de outros delitos além daquele de que é acusado, é fazer este vergonhoso raciocínio: "És culpado de um crime; é, portanto, possível que tenhas praticado outros cem. Tal suspeita me preocupa; quero estar certo; vou usar minha 'prova da verdade'. As leis vão te fazer penar pelos delitos que praticaste, pelos que poderias praticar e por aqueles de que te quero considerar culpado".

Do mesmo modo aplica-se a questão a um acusado para conhecer os seus cúmplices. Contudo, se ficou provado que o suplício não é um meio certo de verificar a verdade, como fará ela para conhecer os cúmplices, quando tal conhecimento é uma das verdades buscadas?

É exato que aquele que a si próprio se acusa, com maior facilidade acusará a outrem.

Além do mais, será justo torturar um homem pelos delitos de outro homem? Não podem ser descobertos os cúmplices pelos interrogatórios do acusado e das testemunhas, pelo exame das provas e do corpo de delito, enfim, por todos os processos usados para comprovar o crime?

Os cúmplices fogem quase sempre assim que o companheiro é preso. Apenas a incerteza do que os aguarda condena-os ao exílio e livra a sociedade dos novos atentados que deles poderia temer; ao passo que o suplício do réu que ela detém intimida os outros homens e os afasta do crime, sendo essa a finalidade única dos castigos.

A pretensa necessidade de purgar a infâmia constitui também uma das absurdas razões do uso das torturas. Um homem, a quem a lei declarou infame, se torna puro ao confessar o crime, enquanto lhe partem os ossos? Terá a dor, que é uma sensação, o poder de destruir a infâmia, que é uma correlação moral? A tortura constituir-se-á um cadinho e a infâmia um corpo misto que deposite nele tudo o que tiver de impureza?

Em verdade, abusos tão ridículos não deveriam ser tolerados no século XVIII.

A infâmia não é um sentimento sujeito às leis ou controlado pela razão. É obra exclusiva da opinião. Assim, como a tortura torna infame o que a padece, é absurdo querer lavar dessa maneira a infâmia com a mesma infâmia.

Não é difícil chegar-se à origem dessa estranha lei, pois os absurdos estabelecidos por uma nação inteira baseiam-se sempre em outras ideias estabelecidas e respeitadas nessa mesma nação. O costume de purgar a infâmia pelas torturas parece originar-se das práticas religiosas, que tanta influência têm sobre o espírito dos homens de todos os países e de todos os tempos. A fé nos ensina que as manchas contraídas pela fraqueza humana, quando não foram atingidas pela cólera eterna do Ser Supremo, são purificadas em outro mundo por um fogo incompreensível. Ora, a infâmia é mancha civil; e considerando que a dor e o fogo do purgatório apagam as nódoas espirituais, por que os tormentos da questão não apagaram a nódoa civil da infâmia?

Acredito que se pode dar uma origem quase idêntica ao costume que seguem alguns tribunais de exigir as confissões do culpado como imprescindíveis à sua condenação. Esse costume parece tirado do misterioso tribunal da penitência, onde a confissão dos pecados é parte necessária dos sacramentos.

Dessa maneira é que os homens abusam das luzes da revelação; e como tais luzes são as únicas que aclaram os séculos de ignorância, a elas é que a dócil humanidade recorreu em todas as oportunidades, porém para fazer as aplicações mais errôneas e mais infelizes.

A solidez dos princípios por nós explanados neste capítulo, conheciam-na os legisladores de Roma, que apenas mandavam à tortura os escravos, espécie de homens sem qualquer direito e sem participação nenhuma nas vantagens da sociedade civil. Tais princípios foram adotados na Inglaterra, nação que atesta a excelência de suas leis pelos progressos alcançados nas ciências, pela superioridade de seu comércio, pelo crescimento de suas riquezas, pelo seu poderio e renovados exemplos de coragem e de virtude política.

A Suécia, que também se convenceu da injustiça da tortura, não mais permite seu uso. Esse uso infame está abolido por um dos mais sábios soberanos da Europa,[12] que elevou a filosofia ao trono e que, legislador benevolente, amigo de seus súditos, os tornou iguais e livres perante as leis; única liberdade que homens guiados pela razão podem aspirar da sociedade; única igualdade que esta pode admitir.

As leis militares, finalmente, não admitiram a tortura; e se esta pudesse existir em algum lugar, indubitavelmente seria nos exércitos, formados, na maioria, pela escória das nações.

Coisa inaudita para aquele que não refletiu sobre a tirania do uso! São homens empedernidos nos morticínios e acostumados ao sangue que dão aos legisladores de um povo em paz o exemplo de julgar os homens com maior humanidade!

---

[12]Alusão a Frederico II, rei da Prússia (1709–1762). (N. E.)

## § XIII

## DA DURAÇÃO DO PROCESSO E DA SUA PRESCRIÇÃO

Quando o delito é constatado e as provas são certas, é justo que se conceda ao acusado o tempo e os meios para se justificar, se isso lhe for possível; é necessário, contudo, que tal tempo seja bem curto para não atrasar muito o castigo que deve acompanhar de perto o delito, se se quer que ele seja um útil freio contra os criminosos.

Um mal compreendido amor da humanidade poderá condenar de saída essa presteza, a qual, contudo, será aprovada pelos que houverem meditado sobre os inúmeros perigos que as prolongadas procrastinações da legislação fazem correr a inocência.

Cabe tão somente às leis determinar o espaço de tempo que se deve utilizar para a investigação das provas do crime, e o que se deve conceder ao acusado para que se defenda. Se o juiz tivesse esse direito estaria exercendo funções do legislador.

Quando se trata de crimes horrendos, cuja lembrança perdura por muito tempo na memória dos homens, se eles forem provados não deve ocorrer qualquer prescrição em favor do culpado que se subtrai ao castigo pela fuga. Tal não é, contudo, o caso dos crimes ignorados e pouco importantes: é necessário determinar um prazo após o qual o criminoso, bastante punido pelo exílio voluntário, possa retornar sem temer novos castigos.

Efetivamente, a obscuridade que cercou por muito tempo o crime arrefece em muito a necessidade da exemplificação, e permite devolver ao cidadão a sua condição e seus direitos com o poder de o tornar melhor.

Apenas posso apontar aqui princípios gerais. Para a sua aplicação exata, é necessário ter em vista a legislação vigente, os costumes do país, as circunstâncias. Limito-me a acrescentar que, para um povo que aceitasse as vantagens das penas moderadas, se as leis encurtassem ou aumentassem a duração dos processos e o tempo em que prescrevem de acordo com a gravidade do crime, se a prisão provisória e o exílio voluntário fossem computados como parte da pena que o culpado merece, chegar-se-ia a estabelecer assim uma justa progressão de castigos leves para um grande número de crimes.

O tempo, porém, que é empregado na investigação das provas e o que determina a prescrição não devem ser aumentados em virtude da gravidade do delito que se persegue, pois, enquanto um crime não está provado, quanto mais atroz, menos verossímil. Será necessário, portanto, às vezes, reduzir o tempo de duração dos processos e aumentar o que se exige para a prescrição.

Tal princípio parece, à primeira vista, contraditório em relação ao que fixei antes, e segundo ele se podem aplicar penas iguais para crimes diferentes, levando em conta como partes do castigo o exílio voluntário ou a prisão que antecedeu a sentença. Tentarei explicar-me com mais clareza.

Podem ser distinguidas duas espécies de crimes. A primeira, a dos crimes horrendos, que se inicia no homicídio e engloba toda a progressão dos mais tétricos assassínios. Na segunda espécie, incluiremos os crimes menos hediondos do que o homicídio.

Tal distinção é tirada da natureza. A segurança das pessoas é um direito natural. A segurança dos bens constitui direito da sociedade. Pouquíssimos motivos existem capazes de levar o homem a sufocar no coração o sentimento natural da piedade que o afasta do assassínio. Contudo, como cada qual é ávido de procurar o seu bem-estar, como o direito de propriedade não está impresso nos corações, sendo tão somente obra das convenções sociais, existem muitas razões que levam o homem a violar tais convenções.

Se se desejar estabelecer regras de probabilidade para esses dois tipos de crimes, é necessário colocá-los sobre bases diferentes. Nos grandes delitos, pela própria razão de serem menos frequentes, deve-se diminuir o tempo da instrução e do processo, pois a inocência do acusado é mais provável do que o crime. Deve-se, contudo, prolongar o tempo da prescrição.

Por tal modo, que apressa a sentença definitiva, tira-se dos maus a esperança de uma impunidade tanto mais perigosa quão maiores são os crimes.

Em vez disso, nos crimes de menos vulto e mais comuns, é necessário prolongar o tempo dos processos, pois a inocência do acusado é menos provável, e diminuir o tempo fixado para a prescrição, pois a impunidade é menos perigosa.

É necessário, do mesmo modo, observar que, se não se atende a isso, essa diversidade de processo entre as duas espécies de crimes pode dar ao criminoso a esperança de ficar impune, esperança tanto mais evidente quanto mais hediondo for o crime e, por isso mesmo, mais inverossímil. Notemos, contudo, que um réu solto por ausência de provas não está nem absolvido nem condenado; que pode ser preso outra vez pelo mesmo delito e submetido a novo exame, se forem encontrados novos indícios de seu crime antes de findar o tempo marcado para a prescrição, conforme o crime cometido.

Assim é, pelo menos em meu entender, o critério que se poderia adotar para defender a um só tempo a segurança dos cidadãos e a sua liberdade, sem favorecer uma em prejuízo da outra. Esses bens são também patrimônio inalienável de todos os cidadãos; e os dois estão envolvidos por perigos quando a segurança individual é relegada ao capricho de um déspota e quando a liberdade é protegida pela desordem tumultuosa.

Praticam-se no meio social delitos que são igualmente comuns e difíceis de verificar. A partir disso, portanto, é quase impossível conseguir provar esses crimes, a inocência é provável diante da lei. E como a esperança de ficar impune contribui pouco para multiplicar esses tipos de delitos, todos com causas diferentes, a impunidade quase nunca é perigosa. Nesse caso podem, portanto, diminuir igualmente o tempo dos processos e o da prescrição.

Entretanto, de acordo com os princípios aceitos, é sobretudo para os delitos difíceis de provar, tais como o adultério e a pederastia, que são admitidas de modo arbitrário as presunções, as conjeturas, as semiprovas, como se fosse possível a um homem ser meio-inocente ou meio-culpado, e merecer ser meio-absolvido ou semipunido!

É especialmente nesse tipo de delitos que são exercidas as crueldades da tortura sobre o réu, sobre as testemunhas, sobre toda a família do infeliz do qual se suspeita, conforme as odiosas lições de certos criminalistas, que redigiram, com fria barbárie, compilações de iniquidades, que se atrevem a apresentar como regras aos magistrados e como leis às nações.

Quando se reflete a respeito de todas essas coisas, é-se forçado a admitir com amargura que a razão nunca tem sido consultada na legislação que tem sido dada aos povos. Os delitos mais horrendos, os crimes mais obscuros e mais fantásticos, e portanto os mais inverossímeis, são exatamente os que se consideram constatados sobre simples hipóteses, indícios fracos e muito equívocos. Dir-se-ia que as leis e o magistrado só têm interesse em descobrir um crime, e não em conhecer a verdade; e que o legislador não vê que se expõe constantemente ao perigo de condenar um inocente, julgando crimes inverossímeis ou mal provados.

Falta, à maioria dos homens, essa energia que faz tanto as grandes ações como os grandes delitos, e que traz quase sempre juntas as virtudes magnânimas e os delitos horrendos, nos Estados que apenas se mantêm pela atividade do governo, pelo orgulho do país e pelo agrupamento de paixões em prol do bem público.

No que diz respeito às nações cuja força é consolidada e constantemente mantida por boas leis, as paixões enfraquecidas parecem mais capazes de sustentar a forma de governo estabelecida do que de melhorá-la. Advém disso uma consequência importante: que os grandes crimes nem sempre são a prova da decadência de um povo.

## § XIV

## DOS CRIMES INICIADOS; DOS CÚMPLICES; DA IMPUNIDADE

Ainda que não possam as leis castigar a intenção, não deixa de ser verdadeiro que uma ação que seja o princípio de um crime e que atesta a vontade de o cometer merece ser castigada, porém com um castigo mais brando do que o que se deveria aplicar se o crime se tivesse efetivado.

Tal castigo é necessário, pois é importante prevenir até as tentativas iniciais dos crimes. Contudo, como pode existir um interregno entre a tentativa do crime e sua execução, é justo reservar uma pena maior para o crime realizado para deixar, ao que apenas começou o crime, motivos que o impeçam de acabá-lo.

Deve-se observar idêntica gradação nas penas, quanto aos cúmplices, se estes não forem todos executores imediatos.

Quando diversos homens se agrupam para enfrentar um mesmo perigo, quanto maior ele é, tanto mais procurarão fazê-lo igual para todos. Se as leis castigassem com maior severidade os que praticam o crime do que os simples cúmplices, seria mais difícil àqueles que planejam um atentado achar entre eles um homem que quisesse executá-lo, pois o risco seria maior, em razão da diversidade das penas. Existe, porém, um caso em que nos devemos afastar da regra que estabelecemos, e é quando aquele que executa o crime recebe dos cúmplices uma recompensa à parte; como a diferença dos perigos ficou compensada com a diferença das vantagens, o castigo deve ser igual.

Se essas reflexões parecerem um tanto rebuscadas, pondere-se que é muito importante que as leis deixem aos cúmplices da má ação o mínimo de meios possível para que estejam de acordo.

Certos tribunais oferecem a impunidade ao cúmplice de um grande delito que trair os seus colegas. Esse modo de proceder apresenta algumas vantagens; porém não está livre de perigos, pois a sociedade autoriza desse modo a traição, que repugna aos próprios celerados. Introduz os delitos de covardia, muito mais funestos do que os delitos de energia e coragem, pois a coragem é pouco comum e aguarda somente uma força benéfica que a encaminhe para o bem público, enquanto a covardia, muito mais geral, é um contágio que infecta muito depressa todas as almas.

O tribunal que utiliza a impunidade para desvendar um crime demonstra que é possível ocultar tal crime, pois que ele o desconhece; e as leis atestam sua fraqueza, implorando a ajuda do próprio criminoso que as violou.

A esperança de ficar impune, de outro lado, para o cúmplice traidor, pode prevenir grandes delitos e encorajar o povo, sempre amedrontado quando enfrenta crimes praticados sem que os culpados sejam conhecidos.

Esse costume também demonstra aos cidadãos que aquele que viola as leis, isto é, as convenções públicas, não é mais fiel às convenções particulares.

Parece-me que uma lei geral, que prometesse a impunidade a qualquer cúmplice que delata um delito, seria melhor que uma declaração especial num caso particular: precaveria a união dos maus, pelo medo recíproco que imporia a cada um de enfrentar sozinho os perigos, e os tribunais não veriam mais os criminosos encorajados pela ideia de que existem casos em que se pode ter necessidade deles. Ademais, seria necessário acrescentar aos dispositivos dessa lei que a impunidade acarretaria o banimento do delator.

Contudo, é em vão que tento abafar os remorsos que me afligem, quando permito às sagradas leis, sagradas fiadoras da confiança pública, base respeitável dos usos, proteger a perfídia, legitimar a traição. E que vergonha para um país, se os seus magistrados, tornados infiéis, faltassem à promessa que fizeram e se apoiassem vergonhosamente em sutilezas inócuas, para conduzir ao suplício aquele que atendeu ao convite das leis!...

Tais exemplos horríveis não são raros; aí está a razão pela qual tanta gente apenas vê na sociedade política uma máquina complicada, em que os mais espertos ou mais poderosos governam as molas ao seu bel-prazer.

Aí está também o que multiplica esses homens de gelo, que não têm sensibilidade para tudo o que encanta as almas sensíveis, que apenas experimentam sensações calculadas e que, contudo, sabem despertar nos outros os sentimentos mais caros e as paixões mais fortes, quando essas são úteis aos seus desígnios; idênticos ao músico hábil que, sem que ele mesmo sinta qualquer coisa, tira do instrumento que domina sons tocantes ou horríveis.

## § XV

## DA MODERAÇÃO DAS PENAS

Das simples considerações das verdades até aqui expressas advém a evidência de que a finalidade das penalidades não é torturar e afligir um ser sensível, nem desfazer um crime que já está praticado.

Como pode um organismo político que, em lugar de se dar às paixões, deve ocupar-se exclusivamente em colocar um freio nos particulares, exercer crueldades inócuas e utilizar o instrumento do furor, do fanatismo e da covardia dos tiranos? Poderão os gritos de um desgraçado nas torturas tirar do seio do passado, que não volta mais, uma ação já praticada? Não. Os castigos têm por finalidade única obstar o culpado de tornar-se futuramente prejudicial à sociedade e afastar os seus concidadãos do caminho do crime.

Entre as penalidades e no modo de aplicá-las proporcionalmente aos delitos, é necessário, portanto, escolher os meios que devem provocar no espírito público a impressão mais eficaz e mais durável e, igualmente, menos cruel no corpo do culpado.

Quem não estremece de horror ao ver na história tantos tormentos atrozes e vãos, criados e empregados com frieza por monstros que se davam o nome de sábios? Quem não tremeria até o âmago da alma, vendo milhares de desgraçados que o desespero obriga a retomar a vida errática, para fugir a males superiores às suas forças, provocados ou tolerados por essas leis injustas que sempre acorrentaram e ultrajaram a multidão, para servir tão somente a um reduzido número de homens privilegiados?

Mas a superstição e a tirania os perseguem; são acusados de crimes inverossímeis ou imaginários; ou então são culpados, porém apenas de terem sido fiéis às leis da natureza. Não importa! Homens dotados dos mesmos sentidos e sujeitos às mesmas paixões sentem prazer em julgá-los criminosos, comprazem-se com seus tormentos, retalham-nos com ar solene, aplicam-lhes torturas lentas e os entregam ao espetáculo de uma turba fanática que goza com as suas dores.

Quanto mais terríveis forem os castigos, tanto mais cheio de audácia será o culpado em evitá-los. Praticará novos crimes, para subtrair-se à pena que mereceu pelo primeiro.

Os países e os séculos em que se puseram em prática os tormentos mais atrozes são igualmente aqueles em que se praticaram os crimes mais horrendos. O mesmo espírito de ferocidade que ditava as leis de sangue ao legislador colocava o punhal nas mãos do assassino e do parricida. Sobre o seu trono, o soberano dominava com uma verga de ferro; e os escravos somente imolavam os tiranos para arranjarem novos.

À proporção que os tormentos se tornam mais cruéis, a alma, idêntica aos fluidos que sempre ficam no mesmo nível dos objetos que os circundam, enrijece-se pela renovação do espetáculo da barbárie. A gente acostuma-se aos tormentos atrozes; e, após cem anos de crueldades renovadas, as paixões, sempre ativas, são menos refreadas pela roda e pela força do que antes o eram pela prisão.

A fim de que o castigo surta o efeito que se deve esperar dele, basta que o mal causado vá além do bem que o culpado retirou do crime. Devem ser contados ainda como parte do castigo os terrores que antecedem a execução e a perda das vantagens que o delito devia produzir. Qualquer excesso de severidade torna-a supérflua e, portanto, tirânica.

Os males que os homens conhecem por funesta experiência regularão melhor o seu modo de proceder do que aqueles que eles não conhecem. Suponde duas nações entre aquelas onde as penalidades estão em proporção aos delitos. Sendo a escravidão perpétua o castigo maior em uma das nações, e a tortura o maior na outra, é certo que essas duas penas inspirarão em cada uma igual terror.

E se existisse um motivo para transportar para o primeiro povo os castigos mais severos fixados para o segundo, o mesmo motivo levaria a aumentar para este a crueldade dos tormentos, passando insensivelmente do uso da roda para suplícios mais lentos e mais requintados, em suma, para o derradeiro refinamento da ciência dos tiranos.

A crueldade das penalidades provoca ainda dois resultados funestos, contrários à finalidade do seu estabelecimento, que é prevenir o delito.

Em primeiro lugar, é muito difícil estabelecer uma proporção entre os delitos e as penas; porque, ainda que uma crueldade industriosa tenha aumentado as espécies de tormentos, nenhum tormento pode ir além do último grau da força humana, limitada pela sensibilidade e pela organização do corpo do homem. Ultrapassando esses limites, se aparecerem crimes mais hediondos, onde se encontrarão penas bastante cruéis?

Em segundo lugar, os tormentos mais terríveis podem provocar às vezes a impunidade. A energia da natureza humana é circunscrita no mal como no bem. Espetáculos muito bárbaros só podem ser o resultado dos furores passageiros de um tirano, e não ser sustentados por um sistema constante de leis. Se as leis são cruéis, ou serão modificadas logo ou não poderão mais vigir e deixarão o crime sem punição.

Encerro com esta reflexão: que o rigor das penas deve estar em relação com o estado atual do país. São necessárias impressões fortes e sensíveis para impressionar o espírito rude de um povo que abandona o estado selvagem. Para dominar o leão em fúria é preciso o raio, cujo ruído apenas faz irritá-lo. Contudo, à medida que as almas se tornam mais brandas no estado social, o homem faz-se mais sensível; e, se se quiser conservar as mesmas relações entre o objeto e a sensação, as penas precisam ser menos rigorosas.

## § XVI

## DA PENA DE MORTE

Diante do espetáculo dessa imensidade de tormentos que jamais tornaram melhores os homens, desejo examinar se a pena de morte é realmente útil e se é justa em um governo sábio.

Quem poderia ter concedido a homens o *direito* de fazer degolar seus iguais? Tal direito não tem por certo a mesma origem que as leis que protegem.

A soberania e as leis nada mais são do que a soma das pequenas partes de liberdade que cada qual cedeu à sociedade. Representam a vontade geral, que resulta da reunião das vontades individuais. Mas quem já pensou em dar a outros homens o *direito* de lhes tirar a existência? Será o caso de supor que, por sacrificar uma parte ínfima de sua liberdade, cada indivíduo tenha desejado arriscar a própria vida, o bem mais precioso de todos?

Se isso ocorresse, como conciliar tal princípio com a máxima que proíbe o suicídio? Ou tem o homem direito de suicidar-se, ou não pode passar tal direito a outrem nem à sociedade toda.

A pena de morte, pois, não se apoia em nenhum *direito*. É guerra que se declara a um cidadão pelo país, que considera necessária ou útil a eliminação desse cidadão. Se eu provar, contudo, que a morte nada tem de útil ou de necessário, ganharei a causa da humanidade.

A morte de um cidadão apenas pode ser considerada necessária por duas razões: nos instantes confusos em que a nação está na dependência de recuperar ou perder sua liberdade, nos períodos de confusão quando se substituem as leis pela desordem; e quando um cidadão, embora sem a sua liberdade, pode ainda, graças às suas relações e ao seu crédito, atentar contra a segurança pública, podendo a sua existência acarretar uma revolução perigosa no governo estabelecido.

Contudo, sob o reinado calmo das leis, em uma forma de governo aprovada por toda a nação, em um Estado que esteja bem defendido no exterior e sustentado no interior pela força e pela opinião, esta talvez seja mais forte do que a própria força, em um país onde o próprio soberano exerce a autoridade, onde as riquezas apenas podem significar prazeres e não poder, não deve existir qualquer necessidade de tirar a existência de um cidadão, a não ser que a morte seja o único freio que possa obstar novos crimes.

A experiência de todos os séculos demonstra que a pena de morte jamais deteve celerados determinados a praticar o mal. Essa verdade está assente no exemplo dos romanos e nos vinte anos em que reinou a imperatriz da Rússia, a benfeitora Isabel,[13] que forneceu aos chefes dos povos uma lição mais ilustre do que todas as mais brilhantes conquistas que a nação apenas alcança ao preço do sangue de seus filhos.

Se os homens, aos quais a linguagem da razão é sempre suspeita e apenas se entregam à autoridade dos antigos costumes, se recusam à evidência de tais verdades, ser-lhes-á suficiente indagar a natureza e consultar o próprio coração para testemunhar os princípios que acabam de ser firmados.

---

[13] Trata-se de Isabel Petrovna, filha de Pedro, o Grande, a qual subiu ao trono da Rússia em 1741. (N. E.)

O rigor do castigo faz menor efeito sobre o espírito do homem do que a duração da pena, pois a nossa sensibilidade é mais fácil e mais constantemente atingida por uma impressão ligeira, porém frequente, do que por abalo violento, porém passageiro. Todo ser sensível está dominado pelo império do hábito; e, como é este que ensina o homem a falar, a andar, a satisfazer as suas necessidades, também é ele que inscreve no coração humano as ideias morais por meio de impressões reiteradas.

O espetáculo atroz, porém momentâneo, da morte de um criminoso é um freio menos poderoso para o crime do que o exemplo de um homem a quem se tira a liberdade, tornado até certo ponto uma besta de carga e que paga com trabalhos penosos o prejuízo que causou à sociedade. Essa íntima reflexão do espectador: "Se eu praticasse um delito, estaria toda a minha existência condenada a essa miserável condição" —, essa ideia terrível assombraria mais vivamente os espíritos do que o temor da morte, que se entrevê apenas um momento numa obscura distância que diminui o seu horror.

A impressão causada pela visão dos tormentos não pode resistir à ação do tempo e das paixões, que em breve levam da memória as coisas mais essenciais.

Em geral, as paixões violentas causam vivíssima surpresa, porém o seu efeito não é duradouro. Causarão uma dessas revoluções repentinas que, num átimo, fazem de um homem comum um romano ou um espartano. Contudo, em um governo calmo e livre, fazem-se necessárias menos as paixões violentas do que as impressões duradouras.

Para a maioria dos que assistem à execução de um criminoso, o suplício torna-se apenas um espetáculo; alguns poucos consideram-no objeto digno de piedade misturado à indignação. Esses dois sentimentos enchem a alma do espectador, muito mais do que o terror salutar que é a finalidade da pena de morte. Contudo, as penas moderadas e contínuas apenas causam aos assistentes o sentimento do temor.

No primeiro caso, acontece ao espectador do suplício o mesmo que àquele que assiste a um drama; e, do mesmo modo que o avaro volta ao seu cofre, o homem violento e injusto volta às suas injustiças.

O legislador deve, consequentemente, estabelecer fronteiras ao rigor das penas, quando o suplício não se transforma senão em espetáculo e parece ordenado mais para ocupar a força do que para punir o crime.

Uma pena, para ser justa, precisa ter apenas o grau de rigor suficiente para afastar os homens da senda do crime. Ora, não existe homem que hesite entre o crime, apesar das vantagens que este enseje, e o risco de perder para sempre a liberdade.

Desse modo, portanto, a escravidão perpétua, que substitui a pena de morte, tem todo o rigor necessário para afastar do crime o espírito mais propenso a ele. Digo mais: olha-se frequentemente a morte de maneira tranquila e corajosa, alguns por fanatismo, outros por causa dessa vaidade que vai conosco ainda além da tumba. Outros, desesperados, cansados da existência, encaram a morte como um meio de se libertar da miséria. Contudo, o fanatismo e a vaidade desaparecem nas cadeias, sob os golpes, em meio às barras de ferro. O desespero não acaba seus males, porém os principia.

Nossa alma suporta mais as violências das dores extremas, contudo passageiras, do que ao tempo e ao prosseguimento do desgosto. Todas as forças da alma, reunindo-se contra males passageiros, podem debilitar-lhes a ação; porém todas as suas molas terminam por ceder a penas longas e continuadas.

Em um país em que a pena de morte é empregada, é forçoso, para cada exemplo que se dá, um novo crime; enquanto a escravidão perpétua de um só culpado coloca sob os olhos do povo um exemplo que permanece e se repete.

Se é necessário que os homens tenham sempre sob os olhos os efeitos do poder das leis, é necessário que os tormentos sejam frequentes, e a partir disso torna-se necessário também que os delitos se multipliquem; o que virá provar que a pena de morte não provoca toda a impressão que deveria causar, e que é inútil quando considerada necessária.

Poder-se-á dizer que a escravidão perpétua é do mesmo modo uma pena rigorosa e, consequentemente, tão cruel quanto a morte. Retrucarei que, englobando em um ponto só todos os instantes amargos da existência de um escravo, ela seria talvez mais horrível do que os tormentos mais atrozes; porém tais instantes ficam disseminados por todo o curso da existência, enquanto a pena de morte exerce todas as suas forças num só momento.

A vantagem da pena da escravidão, quanto ao que se refere à sociedade, é que atemoriza mais aquele que a testemunha do que aquele que a sofre, pois o primeiro leva em consideração a soma dos instantes infelizes, enquanto o segundo se abstrai de suas penas futuras pelo sentimento da infelicidade atual.

A imaginação torna maiores todos os males. Quem sofre, acha em sua alma, endurecida pelo costume da infelicidade, consolações e recursos que os que testemunham seus males desconhecem, pois julgam de acordo com a sua sensibilidade do momento.

É somente por uma boa educação que se aprende a desenvolver e a encaminhar os sentimentos do próprio coração. Contudo, ainda que os criminosos não possam perceber os seus princípios, nem por isso deixam de proceder conforme um certo raciocínio. Ora, aqui está como um assassino ou um ladrão raciocina, afastando-se do crime somente pelo temor do patíbulo ou da roda:

"Quais são, por fim, as leis que tenho de respeitar e que colocam tão grande distância entre mim e o rico? O homem rico duramente me recusa a pequena esmola que lhe peço e me envia para o trabalho, que eu nunca conheci. Essas leis foram feitas por quem? Homens opulentos e donos do poder, que nunca se deram ao trabalho de visitar a miserável cabana do pobre, que não viram dividir um pão grosseiro entre os filhos famintos e a mãe aflita. Quebremos as convenções, vantajosas somente a alguns tiranos covardes, porém funestas para a maioria. Ataquemos a injustiça em sua origem. Sim, voltarei ao meu estado de natural independência, serei livre, experimentarei por algum tempo os frutos felizes da minha astúcia e da minha coragem. Dirigindo alguns homens resolutos como eu, sanarei os enganos da sorte e verei meus tiranos tremerem e ficarem pálidos quando virem aquele que a sua insolente riqueza colocava abaixo dos cavalos e dos cachorros. Pode ser que advenha um tempo de dor e de remorso, porém essa época será curta; e, por um dia de sofrimento, terei gozado muitos anos de liberdade e de prazeres".

Se a religião mostrar-se ao espírito desse desgraçado, não conseguirá intimidá-lo; diminuirá, até, aos seus olhos o horror do derradeiro suplício, dando-lhe a esperança de um arrependimento fácil e da felicidade eterna que é seu fruto. Aquele, porém, que tem diante dos olhos um grande número de anos, ou até a existência inteira a passar na escravidão e no sofrimento, apontado ao desprezo de seus concidadãos, dos quais fora igual, escravo dessas leis que o protegiam, faz uma comparação útil de todos os males, do êxito incerto do delito e do pouco tempo que terá para gozar.

O exemplo sempre presente dos desgraçados que ele vê vítimas da imprudência causa-lhe muito maior impressão do que os suplícios, que podem torná-lo insensível, porém não o corrigir.

A pena de morte, além disso, é prejudicial à sociedade, pelas demonstrações de crueldade que apresenta aos homens.

Se as paixões ou a necessidade das guerras ensinam a derramar o sangue humano, as leis, cuja finalidade é amenizar os usos, deveriam multiplicar essa barbárie, que é tanto mais horrível quanto dá a morte com mais solenidade e mais formalidades?

Não é absurdo que as leis, que são a expressão da vontade geral, que detestam e punem o homicídio, autorizem um morticínio público, para afastar os cidadãos do assassínio?

Quais são as leis mais justas e mais úteis? Aquelas que todos proporiam e desejariam cumprir, nesses momentos em que o interesse particular se cala ou se identifica com o interesse público.

Qual é o sentimento da maioria sobre a pena de morte? Está definido em caracteres indeléveis nos movimentos de indignação e de desprezo que nos causa apenas a visão do carrasco, que não é senão o executor inocente da vontade do povo, um cidadão honesto que contribui para o bem geral e defende a segurança do Estado no interior, do mesmo modo que o soldado cuida da sua defesa no exterior.

Qual é, portanto, a origem de tal contradição? E por que esse sentimento de horror afronta todos os esforços da razão? É porque, em uma parte abscôndita de nossa alma, na qual os princípios naturais não foram ainda alterados, encontramos um sentimento que nos diz que um homem não tem nenhum direito legítimo sobre a existência de outro homem, e que apenas a necessidade, que por todos os recantos estende seu cetro de ferro, pode dispor da nossa vida.

O que pensar quando se vê o sábio magistrado e ministros sagrados que fazem arrastar um culpado à morte, solenemente, com tranquilidade e indiferença? E enquanto o desgraçado aguarda o golpe decisivo, por entre convulsões e angústias, o juiz que o condenou abandona friamente o tribunal para ir gozar em paz as doçuras e os prazeres da existência, e talvez vangloriar-se, com íntima complacência, pela autoridade que acaba de exercer. Não será ocasião de se dizer que tais leis são somente a máscara da tirania, que tais formalidades cruéis e refletidas da justiça são apenas o pretexto para nos imolar com mais confiança, como vítimas sacrificadas ao despotismo insaciável?

O assassínio, que nos surge como um delito horrendo, nós o vemos praticar com frieza e sem arrependimento. Não poderemos nos prevalecer desse exemplo? Descreviam-nos a morte violenta como uma cena horrível, e não é coisa de mais de um momento. Será ainda menos para o corajoso que lhe for ao encontro e desse modo se livrar de tudo o que ela tem de doloroso. Esses são os melancólicos e funestos pensamentos que fazem que se perca uma cabeça já predisposta ao crime, um espírito mais capaz de se deixar levar pelos abusos da religião do que pela própria religião.

A história humana é um imenso oceano de erros, no qual vemos sobrenadar uma ou outra verdade mal conhecida. Não me oponham, pois, o exemplo da maioria das nações, que, em quase todos os tempos, decretaram a pena de morte contra certos delitos; tais exemplos nenhuma força têm contra a verdade que é sempre tempo de reconhecer. Assim, os sacrifícios humanos seriam aprovados, pois estiveram geralmente em uso entre todos os povos primitivos.

Contudo, se descubro alguns povos que se abstiveram, mesmo num pequeno espaço de tempo, do uso da pena de morte, posso valer-me disso com razão; pois o destino das grandes verdades é não fulgurar senão como um relâmpago em meio à longa noite de trevas que cerca o gênero humano.

Não chegaram ainda os dias venturosos em que a verdade eliminará o erro e se fará apanágio da maioria, em que o governo dos homens não será esclarecido apenas pelas verdades reveladas.

Sinto o quanto a fraca voz de um filósofo será com facilidade abafada pelos gritos tumultuosos dos fanáticos escravos dos preconceitos. Contudo, a pequena plêiade de sábios disseminados pela superfície da terra saberá compreender-me; seu coração aprovará meus esforços; e se, apesar de todos os obstáculos que a afastam do trono, a verdade puder chegar aos ouvidos dos príncipes, saibam eles que essa verdade lhes leva os íntimos votos da humanidade inteira; saibam que, se derem proteção à verdade santa, sua glória ofuscará a dos mais renomados conquistadores, e a equitativa posteridade elevará seus nomes acima dos Titos,[14] dos Antoninos[15] e dos Trajanos.[16]

Feliz o gênero humano se, pela vez primeira, recebesse leis. Hoje, que vemos nos tronos europeus príncipes magnânimos, amigos das virtudes da paz, que protegem as ciências e as artes, pais de seus povos e cidadãos coroados; quando tais príncipes, consolidando sua autoridade, trabalham para a felicidade de seus súditos, quando destroem esse despotismo intermediário, tanto mais cruel quanto menos firmemente estabelecido, quando oprimem os tiranos subalternos que interceptam os desejos do povo e não permitem que cheguem até o trono, onde seriam ouvidos; quando se leva em consideração que, se esses príncipes deixam que continuem a existir leis defeituosas, é porque são oprimidos pela extrema dificuldade de destruir erros acreditados por muitos séculos e protegidos por certo número de pessoas interessadas que exercem o direito de punir; todo cidadão esclarecido deve desejar ardentemente que o poder de tais soberanos ainda cresça e se faça bastante grande para lhes permitir a reforma de uma legislação funesta.

---

[14] Tito, imperador romano de 76 a 81. Por causa dos grandes benefícios que fez ao povo, foi cognominado “a delícia do gênero humano”. (N. E.)

[15] Antonino, o Piedoso, imperador romano de 138 a 161, célebre por seu notável senso de moderação e justiça. (N. E.)

[16] Trajano, imperador romano de 98 a 117, famoso por ser um excelente organizador. (N. E.)

## § XVII

## DO BANIMENTO E DAS CONFISCAÇÕES

Quem perturba a tranquilidade pública, quem não obedece às leis, quem viola as condições sob as quais os homens se mantêm e se defendem mutuamente deve ser posto fora da sociedade, isto é, banido.

Parece-me que poderiam ser banidos aqueles que, acusados de crime atroz, são suspeitos com maior verossimilhança, porém sem estar inteiramente comprovada a culpa.

Em casos idênticos, seria preciso que uma lei, a menos arbitrária e a mais exata possível, decretasse o banimento daquele que colocasse a nação na alternativa extrema de cometer uma injustiça ou de temer um acusado. Seria preciso, do mesmo modo, que tal lei deixasse ao banido o direito sagrado de poder, a qualquer momento, provar sua inocência e reaver os seus direitos. Seria preciso, finalmente, que existissem razões mais poderosas para banir um cidadão acusado pela vez primeira do que para condenar a essa pena um estrangeiro ou um homem que já tivesse sido chamado à justiça.

Contudo, deve aquele que se bane, que se exclui para sempre da sociedade da qual fazia parte, deve ser também privado de seus bens? Essa questão pode ser olhada de diversos prismas.

A perda dos bens é pena maior do que o exílio. Deve, portanto, haver casos em que, para proporcionar a pena ao direito, serão confiscados todos os bens do banido. Em outras circunstâncias, ele será despojado apenas de uma parte de seus bens; e, para certos crimes, o banimento não será seguido de qualquer confiscação. O culpado poderá perder todos os seus bens, se a lei que determina o banimento afirma estarem quebrados todos os laços que o prendiam à sociedade; pois a partir disso o cidadão está morto, resta apenas o homem; e, aos olhos da sociedade, a morte política de um cidadão deve ter as mesmas consequências que a morte natural.

De acordo com essa máxima, afirmar-se-á talvez que é evidente que os bens do culpado deveriam ser dados aos herdeiros legítimos, e não ao príncipe; não me apoiarei, porém, nesse argumento para desaprovar as confiscações.

Se certos juristas sustentaram que as confiscações punham um freio nas vinganças dos particulares exilados, tirando-lhes o poder de fazer o mal, é porque não refletiram que não é suficiente que uma pena produza algum beneficio para ser justa. Uma pena só é justa quando necessária. Um legislador não aprovará nunca uma injustiça útil se quer prevenir as invasões da tirania, que espreita sem cessar, que seduz e abusa pelo pretexto enganoso de algumas vantagens momentâneas, e que faz exaurir-se no pranto e na miséria um povo cuja ruína prepara, para espalhar abundância e ventura sobre uma minoria de homens privilegiados.

O uso das confiscações põe continuamente a prêmio a cabeça do infeliz sem defesa, e faz o inocente sofrer os castigos que estão destinados aos culpados. Ainda pior, as confiscações podem tornar o homem de bem um criminoso, pois o arrastam ao crime, por reduzi-lo à indigência e ao desespero.

E, além disso, não existe espetáculo mais hediondo que o de uma família inteira coberta de infâmia, imersa nos horrores da indigência pelo delito do seu chefe, delito que essa família, submetida à autoridade do culpado, subjugada, não poderia prevenir, mesmo que dispusesse dos meios para isso.

## § XVIII

## DA INFÂMIA

A infâmia é uma marca da desaprovação pública, que retira do culpado a consideração, a confiança que a sociedade depositava nele e essa espécie de irmandade que une os cidadãos de uma mesma nação.

Como os efeitos da infâmia não dependem, de modo algum, das leis, é necessário que a vergonha que a lei inflige esteja baseada na moral ou na opinião pública. Se se procurasse infamar uma ação que a opinião não considera infame, ou a lei deixaria de ser respeitada ou as ideias reconhecidas de probidade e de moral deixariam de existir, apesar de todas as declamações dos moralistas, sempre impotentes contra a força do exemplo.

Considerar infames atitudes indiferentes em si mesmas é diminuir a infâmia daquelas que verdadeiramente merecem ser consideradas desse modo.

Muito necessário é impedir que sejam punidos com penas corporais e dolorosas certos crimes baseados no orgulho e que tornam os castigos uma glória. Assim é o fanatismo, que somente pode ser reprimido pelo ridículo e pela vergonha.

Se se humilhar a vaidade cheia de orgulho dos fanáticos diante de uma grande multidão de espectadores, devem esperar-se felizes consequências dessa pena, visto como a própria verdade tem necessidade dos maiores esforços para se defender, quando sofre os ataques da arma do ridículo.

Contrapondo desse modo a força à força, e a opinião à opinião, um bom legislador desfaz no espírito do povo a admiração que lhe provoca um falso princípio, cujo absurdo lhe foi disfarçado com raciocínios especiosos.

As penas de infâmia devem ser raras, pois o emprego muito frequente do poder da opinião debilita a força da própria opinião. A infâmia não deve recair tampouco sobre um grande número de pessoas ao mesmo tempo, pois a infâmia de um grande número não é mais, em breve, a infâmia de ninguém.

Esses são os meios de harmonizar as relações invariáveis das coisas e de atender à natureza, que, sempre ativa e nunca presa aos limites do tempo, destrói e revoga todas as leis que se afastam dela. Não é apenas nas belas-artes que é necessário acompanhar com fidelidade a natureza: as instituições políticas, pelo menos as que possuem caráter de sabedoria e elementos de duração, baseiam-se na natureza; e a verdadeira política não é senão a arte de orientar para a mesma finalidade útil os sentimentos imutáveis do homem.

## § XIX

## DA PUBLICIDADE E DA PRESTEZA DAS PENAS

Quanto mais rápida for a aplicação da pena e mais de perto acompanhar o crime, tanto mais justa e útil será. Mais justa, porque evitará ao acusado os cruéis tormentos da dúvida, tormentos supérfluos, cujo horror aumenta para ele na razão da força de imaginação e do sentimento de debilidade.

A rapidez do julgamento é justa também porque, sendo a perda da liberdade uma pena em si, esta somente deve preceder a condenação na exata medida em que a necessidade o exige.

Se a prisão constitui apenas uma maneira de deter o cidadão até que ele seja considerado culpado, como tal processo é angustioso e cruel, deve, na medida do possível, amenizar-lhe o rigor e a duração. Um cidadão preso deve ficar na prisão apenas o tempo necessário para a instrução do processo; e os mais antigos detidos têm o direito de ser julgados em primeiro lugar.

O réu não deve ficar encarcerado senão na medida em que se considere necessário para o impedir de fugir ou de esconder as provas do crime. O próprio processo deve ser levado sem protelações. Que contraste tremendo entre a preguiça de um juiz e o desespero de um acusado! De um lado, um magistrado sem sensibilidade, que passa os dias no bem-estar e nas delícias, e de outro um desgraçado que definha, chorando no fundo de uma cela abominável.

Os efeitos do castigo que acompanha o crime devem ser em geral impressionantes e sensíveis para aqueles que o testemunharam; existirá, contudo, necessidade de que esse castigo seja tão cruel para aquele que o sofre? Quando os homens se reuniram em sociedade, foi apenas para se sujeitarem aos mínimos males possíveis; e não há país que possa negar esse princípio incontestável.

Eu disse que a presteza da pena é útil; e é certo que, quanto menos tempo transcorrer entre o crime e a pena, tanto mais compenetrados ficarão os espíritos da ideia de que não existe crime sem castigo;

tanto mais se acostumarão a julgar o crime como a causa da qual o castigo é o efeito necessário e inelutável.

É a ligação das ideias que forma a base de todo o edifício da razão humana. Sem ela, prazer e dor seriam sentimentos isolados, sem efeito, tão depressa olvidados quanto sentidos. Os homens desprovidos de ideias gerais e de princípios universais, isto é, os homens sem instrução e embrutecidos, não procedem senão conforme as ideias mais próximas e mais imediatamente ligadas. Negligenciam as relações distantes e essas ideias complicadas, que se mostram apenas ao homem intensamente apaixonado por um objeto, ou aos espíritos esclarecidos. A luz da atenção desfaz no homem apaixonado as trevas que cercam o vulgar. O homem instruído, acostumado a percorrer e a comparar com rapidez um vasto número de ideias e de sentimentos que se contrapõem, tira do contraste um resultado que forma a base da sua conduta, a partir daí menos incerta e menos perigosa.

Portanto, é da maior importância castigar rapidamente por um delito cometido, se se desejar que, no espírito inculto do vulgo, a pintura sedutora das vantagens de uma atitude criminosa desperte imediatamente a ideia de um castigo inevitável. Uma pena muito retardada torna menos estreita a união destas duas ideias: crime e punição. Se o suplício de um réu provoca então alguma impressão, é apenas como espetáculo, pois somente se apresenta ao espectador quando o horror do crime, que ajudou a fortalecer o horror da punição, já está esmaecido nos espíritos.

Poder-se-ia também tornar mais estreita a ligação das ideias de crime e de castigo, dando à pena toda a conformidade possível com a natureza do crime, para que o temor de um castigo especial afaste o espírito da senda a que levava a perspectiva de um crime vantajoso. É necessário que a ideia do suplício esteja sempre presente no coração do homem fraco e domine o sentimento que o conduz ao crime.

Em diversos povos, punem-se os crimes de pouca monta com a prisão ou a escravidão em um país longínquo, isto é, envia-se o culpado a levar um exemplo inútil a uma sociedade que ele não ofendeu.

Como os homens não se entregam, de início, aos maiores crimes, a grande parte dos que veem o suplício de um criminoso, acusado de algum crime monstruoso, não experimenta qualquer sentimento de terror ao assistirem a um castigo que jamais supõem possam vir a merecer. Em vez disso, a punição pública dos pequenos crimes mais corriqueiros lhes provocará na alma uma impressão saudável que os afastará de grandes crimes, desviando-os primeiro dos que são menores.

## § XX

## DA INEVITABILIDADE DAS PENAS E DAS GRAÇAS

O rigor do suplício não é o que previne os delitos com maior segurança, porém a certeza da punição, o zelo vigilante do juiz e essa severidade inalterável que só é uma virtude no magistrado quando as leis são brandas. A perspectiva de um castigo moderado, porém inflexível, provocará sempre uma impressão mais forte do que o vago temor de um suplício horrendo, em relação ao qual aparece alguma esperança de impunidade.

O homem treme à ideia dos menores males, quando vê a impossibilidade de evitá-los; enquanto a esperança, filha dileta do céu, que tantas vezes nos propicia todos os bens, afasta sempre a ideia dos suplícios mais cruéis, por menos que ela seja sustentada pelo exemplo da impunidade.

Às vezes, abstemo-nos de punir um crime pouco importante, quando o ofendido perdoa. É um ato benevolente, porém contrário ao interesse público. Um particular pode perfeitamente não exigir que seja reparado o mal que se lhe causou; porém o perdão que ele dá não pode destruir a necessidade do exemplo.

O direito de castigar não pertence a qualquer cidadão em particular; é das leis, que são o órgão da vontade geral. Um cidadão ofendido pode deixar de valer-se de sua parte desse direito, porém não tem qualquer poder sobre as dos outros.

Quando as penas se tiverem feito menos cruéis, a clemência e o perdão serão menos necessários. Feliz a nação que não mais lhes desse o nome de virtudes! A piedade, que em alguns monarcas se vê substituindo outras qualidades que lhes faltam para o cumprimento dos deveres do trono, precisaria ser expulsa de uma legislação sábia em que as penas fossem brandas e a justiça realizada com formas prontas e regulares.

Essa verdade pode parecer dura somente àqueles que vivem subjugados aos abusos de um sistema criminal que dá a graça e o perdão necessários em razão mesmo da atrocidade das penas e do absurdo das leis.

O direito de conceder graça é indubitavelmente a mais bela prerrogativa do trono; é o atributo mais precioso do poder soberano; porém, ao mesmo tempo, é uma desaprovação tácita das leis que existem. O monarca que se dedica à felicidade do seu povo e que pensa contribuir para ela pelo exercício do direito de dar graça, ergue-se então contra o código criminal, consagrado, apesar de seus vícios, pelos preconceitos antigos, pelo calhamaço impostor dos comentadores, pelo grave aparelho das antigas formalidades, enfim, pela aprovação dos meio-sábios, sempre mais insinuantes senão mais ouvidos do que os sábios reais.

A clemência, sendo virtude do que legisla e não do que executa as leis, devendo estar no Código e não em julgamentos particulares, se se permitir que os homens vejam que o crime pode ser perdoado e que o castigo nem sempre constitui a sua necessária consequência, alimenta neles a esperança de ficarem impunes; faz que aceitem os tormentos não como atos de justiça, porém como atos de violência.

Quando o soberano concede graça a um celerado, não se deveria dizer que sacrifica a segurança do povo à de um particular e que, por uma atitude de cega benevolência, pronuncia um decreto geral de impunidade?

Que as leis sejam, portanto, inexoráveis, que sejam inflexíveis os seus executores; mas, que o legislador seja indulgente e humano. Arquiteto cheio de prudência, tenha como a base de seu edifício o amor que todo homem tem ao próprio bem-estar, e que consiga fazer resultar o bem geral do concurso dos interesses particulares;

desse modo, não se verá constrangido a recorrer a leis imperfeitas, a meios pouco refletidos que separam a cada momento os interesses da sociedade daqueles dos cidadãos; não se verá obrigado a erguer sobre o medo e a desconfiança o simulacro da felicidade do povo. Filósofo profundo e de sensibilidade, terá deixado aos seus irmãos o gozo tranquilo da pequena parcela de felicidade que o Ser Supremo lhes concedeu nesta terra, que nada mais é senão um ponto no meio de todos os mundos.

## § XXI

## DOS ASILOS

Os asilos serão justos? E haverá utilidade no costume estabelecido entre as nações de permutarem entre si os criminosos?

Em toda a extensão de um Estado político, nenhum local deve estar isento da dependência das leis. A força das leis tem de seguir o cidadão por toda parte, assim como a sombra acompanha o corpo.

Pouca diferença existe entre a impunidade e os asilos; e como a melhor maneira de impedir o delito é a perspectiva de um castigo certo e inexorável, os asilos, que são um abrigo contra a ação das leis, incitam mais ao crime do que as penas o evitam, do instante em que se tem a esperança de evitá-los.

Multiplicar os locais de asilo é formar pequenas soberanias, pois, quando as leis não têm poder, novas potências se formam da ordem comum, estabelece-se um espírito oposto ao do corpo inteiro do organismo social.

Observa-se, na história de todos os povos, que os asilos constituíram a fonte de grandes revoluções nos Estados e nas opiniões dos homens.

Alguns pretenderam que, cometido um delito em certo lugar, isto é, um ato contrário às leis, essas teriam em toda parte o direito de castigar. Será a condição de súdito, em tal caso, uma marca indelével? O nome de súdito será pior que o de escravo? E se poderá admitir que um homem more em um país e seja súdito das leis de outro? Que suas ações estejam, concomitantemente, sujeitas a dois soberanos e a duas legislações, a maior parte das vezes contraditórias?

Desse modo, ousou-se afirmar que um crime praticado em Constantinopla podia ser punido em Paris, pois aquele que ofende uma sociedade humana deve ter todos os homens como inimigos e deve merecer a execração universal. Entretanto, os juízes não são vingadores da humanidade em geral; são defensores das convenções particulares que unem entre si um determinado número de pessoas. Um crime deve ser castigado somente no país em que foi cometido, pois é apenas aí, e não em qualquer outra parte, que os homens são obrigados a reparar, pelo exemplo do castigo, os maus efeitos que o exemplo do crime pôde produzir.

Um criminoso, cujos delitos anteriores não puderam violar as leis de uma sociedade da qual não fazia parte, pode muito bem ser olhado com temor e expulso dessa sociedade; contudo, as leis não podem aplicar-lhe nova pena, pois elas só são estabelecidas para castigar o mal que se lhe faz, e não o crime que não lhes causa ofensa.

Será, portanto, de utilidade que as nações troquem reciprocamente os criminosos? Evidentemente, a persuasão de não achar qualquer local na terra onde o delito possa passar sem punição seria um meio bastante eficaz de o prevenir. Não ousarei, contudo, decidir essa questão, até que as leis, tornando-se mais conformes aos sentimentos próprios do homem, com penas mais suaves, impedindo o arbítrio dos juízes e da opinião, garantam a inocência e livrem a virtude das perseguições da inveja; até que a tirania, afastada para o Oriente, deixe a Europa sob o doce jugo da razão eterna que liga com laço indissolúvel os interesses dos monarcas aos interesses dos povos.

## § XXII

## DO USO DE PÔR A CABEÇA A PRÊMIO

Constituirá vantagem para a sociedade colocar a prêmio a cabeça de um celerado, dar armas a cada cidadão e assim fazer outros tantos carrascos?

Ou o criminoso deixou o país ou ainda reside nele. No primeiro caso, os cidadãos são excitados a praticar um homicídio, a matar talvez um inocente, a merecer tormentos. Comete-se uma injúria ao país estrangeiro, desmerece-se a autoridade, autoriza-se que sejam feitas idênticas usurpações entre os próprios domínios.

Se o que praticou o crime ainda se encontra no país cujas leis violou, o governo que coloca a cabeça dele a prêmio demonstra debilidade. Quando a gente tem força para se defender não compra o auxílio de ninguém. Além disso, o uso de colocar a prêmio a cabeça de um cidadão desfaz todas as ideias de moral e de virtude, tão débeis e tão abaladas no espírito humano. De uma parte, as leis castigam a traição; de outro, autorizam-na. O legislador, com uma das mãos, aperta os laços de sangue e de amizade e, com a outra, dá o prêmio àquele que os rompe. Sempre em contradição com ele mesmo, ora tenta disseminar a confiança e encorajar os que duvidam, ora espalha a desconfiança em todos os corações. Para prevenir um crime, faz que nasçam cem.

Semelhantes usos apenas são convenientes às nações fracas, cujas leis só servem para sustentar por um momento um edifício de ruínas que se esboroa inteiramente.

Contudo, à proporção que as luzes de uma nação se espalham, a boa-fé e a confiança mútua se fazem necessárias, e a política é, finalmente, obrigada a admiti-las. Então, desfazem-se e se previnem mais facilmente as cabalas, os artifícios, as manobras obscuras e indiretas. Assim, também o interesse geral sai sempre vencedor sobre os interesses particulares.

Os povos esclarecidos poderiam procurar lições em alguns séculos de ignorância, quando a moral privada era sustentada pela moral pública.

As nações somente serão felizes quando a moral sã estiver intimamente ligada à política. Contudo, leis que dão prêmio à traição, que ateiam entre os cidadãos uma guerra clandestina, que fazem nascer suspeitas recíprocas sempre se oporão a essa união tão necessária da política e da moral; união que propiciaria aos homens segurança e paz, que diminuiria a sua miséria e que traria aos países mais prolongados intervalos de tranquilidade e concórdia do que aqueles que até o presente desfrutaram.

## § XXIII

## QUE AS PENAS DEVEM SER PROPORCIONAIS AOS DELITOS

O interesse geral não é apenas que se cometam poucos crimes, mas ainda que os crimes mais prejudiciais à sociedade sejam os menos comuns. Os meios de que se utiliza a legislação para impedir os crimes devem, portanto, ser mais fortes à proporção que o crime é mais contrário ao bem público e pode tornar-se mais frequente. Deve, portanto, haver uma proporção entre os crimes e as penas.

Se o prazer e o sofrimento são os dois grandes motores dos seres sensíveis; se, entre as razões que guiam os homens em todas as suas atitudes, o supremo Legislador pôs como os mais poderosos as recompensas e os castigos; se dois crimes que afetam desigualmente a sociedade recebem idêntico castigo, o homem inclinado ao crime, não tendo que recear uma pena maior para o crime mais hediondo, resolver-se-á com mais facilidade pelo crime que lhe traga mais vantagens; e a distribuição desigual das penas fará nascer a contradição, tanto notória quanto frequente, de que as leis terão de castigar os delitos que fizeram nascer.

Se for estabelecido um mesmo castigo, a pena de morte, por exemplo, para aquele que mata um faisão e para quem mata um homem ou falsifica um documento importante, em pouco tempo não se procederá a mais nenhuma diferença entre esses crimes; serão destruídos no coração do homem os sentimentos de moral, obra de muitos séculos, cimentada em ondas de sangue, firmada muito lentamente através de mil obstáculos, edifício que apenas se pôde erguer com o auxílio das mais excelsas razões e o aparato das mais solenes formalidades.

Inutilmente se tentaria impedir todos os abusos que nascem da fermentação prolongada das paixões humanas; tais abusos aumentam em razão da população e do choque dos interesses privados, que é impossível encaminhar em linha reta para o bem público. Essa asserção não pode ser provada com toda a exatidão matemática; pode-se, entretanto, apoiá-la com exemplos notáveis.

Passai os olhos pela História, e vereis aumentarem os abusos à proporção que os impérios crescem. Ora, como o espírito nacional se enfraquece em idêntica proporção, a tendência para o delito aumentará em razão da vantagem que cada qual encontra no mesmo abuso; e a necessidade de agravar as penas seguirá obrigatoriamente idêntica progressão.

De modo semelhante à gravitação dos corpos, uma força secreta nos impulsiona sempre para o nosso bem-estar. Essa impulsão só é enfraquecida pelos obstáculos que as leis opõem. Todos os diferentes atos do homem são efeitos dessa impulsão interior. As penas são os óbices políticos que impedem os funestos efeitos do choque dos interesses pessoais, sem lhes destruir a causa, que é o amor de si mesmo, inseparável da humanidade.

O legislador deve ser um hábil arquiteto, que saiba igualmente utilizar todas as forças que podem colaborar para consolidar o edifício e enfraquecer todas as que possam arruiná-lo.

Tendo-se como necessária a reunião dos homens em sociedade, de acordo com convenções estabelecidas pelos interesses opostos de cada particular, encontrar-se-á uma progressão de delitos, dos quais o maior será o que tende à destruição da própria sociedade. Os crimes menores serão as ofensas cometidas contra particulares. Entre essas duas extremidades ficarão compreendidos todos os atos que se opõem ao bem público, desde o mais criminoso até o menos passível de culpa.

Se os cálculos exatos pudessem ser aplicados a todas as combinações obscuras que levam os homens a agir, seria necessário buscar e estabelecer uma progressão de penas que corresponda à progressão dos delitos. O quadro dessas duas progressões seria a medida da liberdade ou da escravidão da humanidade ou da maldade de cada país.

Bastará, pois, que o legislador sábio estabeleça divisões principais na distribuição das penas proporcionadas aos crimes e que, principalmente, não aplique os menores castigos aos maiores delitos.

## § XXIV

## DA MEDIDA DOS DELITOS

Já notamos que a exata medida dos crimes é o prejuízo causado à sociedade. Eis uma dessas verdades que, ainda que evidentes para o espírito menos arguto, porém escondidas por um concurso singular de circunstâncias, apenas são conhecidas de um pequeno número de pensadores em todos os países e em todos os séculos.

As opiniões disseminadas pelos tiranos e as paixões dos déspotas abafaram as noções simples e as ideias naturais que formaram sem dúvida a filosofia das sociedades primitivas. Contudo, se a tirania oprimiu a natureza por uma ação insensível, ou por impressões violentas sobre os espíritos do vulgo, hoje, finalmente, as luzes de nosso século desfazem os tenebrosos planos do despotismo, reconduzindo-nos aos princípios da filosofia e indicando-os com mais certeza.

Esperemos que a perniciosa influência dos séculos passados não esteja perdida e que os princípios naturais ressurjam entre os homens, apesar de todos os obstáculos que se opõem a eles.

A grandeza do crime não depende da intenção de quem o pratica, como o entenderam erroneamente alguns, pois a intenção do acusado depende das impressões provocadas pelos objetos presentes e das disposições que vêm da alma. Tais sentimentos variam em todos os homens e no próprio indivíduo, com a rápida sucessão das ideias, das paixões e das circunstâncias.

Se a intenção fosse punida, seria necessário ter não apenas um Código particular para cada cidadão, mas uma nova lei penal para cada crime.

Frequentemente, com a melhor das intenções, um cidadão faz à sociedade os maiores males, enquanto um outro lhe presta imensos serviços com a predisposição de causar mal.

Outros jurisconsultos medem a gravidade do delito pela dignidade da pessoa atingida, e não pelo mal que possa trazer à sociedade. Se tal método fosse recebido, uma pequena irreverência em relação ao Ser Supremo mereceria um castigo mais severo do que o assassínio de um rei, pois a superioridade da natureza divina compensaria ao infinito a diferença da ofensa.

Outros, por fim, consideraram o crime tanto mais grave quanto maior a ofensa feita a Deus. Perceber-se-á com facilidade o quanto essa tese é falsa, se forem examinadas com sangue-frio as reais relações que ligam os homens entre si e aquelas que existem entre o homem e Deus.

As primeiras constituem-se relações de igualdade. Apenas a necessidade faz brotar, do choque das paixões, e da posição dos interesses privados, a ideia da unidade comum, alicerce da justiça humana. Em vez disso, as relações existentes entre o homem e Deus são de dependência, que nos submete a um Ser perfeito e criador de todas as coisas, a um Senhor soberano que apenas a si reservou o direito de ser igualmente legislador e juiz; apenas ele pode ser ao mesmo tempo uma coisa e outra.

Se ele estabeleceu castigos eternos para o que violou as suas leis, qual o inseto bastante corajoso para ousar vir em socorro de sua justiça divina, para pretender vingar o ser que se basta a si mesmo, que os delitos não podem entristecer, que as punições não podem contentar e que é o único na natureza que age de modo constante?

A grandeza do pecado ou da ofensa em relação a Deus está na dependência da maldade do coração; e, para que os homens pudessem perscrutar esse abismo, ser-lhes-ia necessário o socorro da revelação. Como poderiam eles estabelecer as penas dos diversos delitos, sobre princípios dos quais desconhecem a base? Seria arriscado castigar quando Deus dá o perdão e perdoar quando Deus castiga.

Se os homens cometem ofensa a Deus pelo pecado, muitas vezes O ofendem ainda mais tomando o encargo de vingá-lo.

## § XXV

## DIVISÃO DOS DELITOS

Há delitos que tendem diretamente à destruição da sociedade ou daqueles que a representam. Outros afetam o cidadão em sua existência, em seus bens ou em sua honra. Outros, por fim, são atos contrários ao que a lei determina ou proíbe, tendo em mira o bem público.

Todo ato não enquadrado em uma dessas classificações não pode ser considerado como delito, nem castigado como tal, senão por aqueles que descobrem nisso o seu interesse particular.

Porque não se soube manter esses limites é que se vê em todas as nações a oposição entre as leis e a moral, e com frequência uma oposição entre as leis. O homem honesto está exposto às penas mais severas. As palavras vício e virtude não passam de sons vagos. A vida do cidadão cerca-se de incerteza; e os órgãos políticos entram em profunda letargia, que os arrasta insensivelmente para a ruína.

Cada cidadão pode fazer tudo que não contrarie as leis, sem temer outros inconvenientes senão os que podem advir de sua ação em si mesma. Tal dogma político deveria ser inscrito no espírito dos povos, proclamado pelos juízes supremos e defendido pelas leis. Sem esse dogma sagrado, toda sociedade legítima não pode existir por muito tempo, pois ele é o justo prêmio do sacrifício que os homens fizeram de sua independência e da sua liberdade. É essa opinião que torna as almas fortes e generosas, que exalta o espírito, que excita nos homens uma virtude que supera o medo e os faz relegar essa miserável maleabilidade, que tudo aprova, e que é a única virtude dos homens fracos o bastante para suportar constantemente uma vida precária e incerta.

Percorram-se, com olhar filosófico, as legislações e a história das nações, e encontrar-se-ão com frequência os nomes de vício e virtude, de bom e mau cidadão, mudarem seu valor de acordo com o tempo e as circunstâncias. Não são, contudo, as mudanças efetuadas no Estado ou nos negócios públicos que provocarão essa revolução das ideias; esta será a consequência dos erros e dos interesses fortuitos dos diversos legisladores.

Ver-se-ão, quase sempre, as paixões de um século servindo de fundamento à moral dos séculos seguintes e formando toda a política dos que presidem às leis. Contudo, as paixões fortes, que nascem do fanatismo e do entusiasmo, obrigam lentamente, à força de excessos, o legislador à prudência, e podem tornar-se um instrumento útil nas mãos da astúcia ou do poder, quando o tempo as tiver enfraquecido.

Foi do enfraquecimento das paixões fortes que nasceram entre os homens as noções obscuras de honra e de virtude; e essa obscuridade subsistirá sempre, porque as ideias mudam com o tempo, que deixa sobreviver os nomes às coisas, que se alteram segundo os lugares e os climas; é que a moral está submetida, tanto quanto os impérios, a limites geográficos.

## § XXVI

## DOS CRIMES DE LESA-MAJESTADE

Os delitos de lesa-majestade foram postos na classe dos grandes crimes, pois são prejudiciais à sociedade. Mas, o despotismo e a ignorância, que confundem as palavras e as ideias mais límpidas, deram esse nome a crimes de natureza inteiramente diferente. Foram aplicados os castigos mais graves a faltas leves; e nessa oportunidade, como em milhares de outras, o homem é com frequência vítima de uma palavra.

Toda espécie de crime é prejudicial à sociedade; porém, nem todos os crimes tendem imediatamente a destruir. É necessário considerar as ações morais por seus efeitos e levar em conta o tempo e o local. Apenas a arte das interpretações odiosas, que é comumente a ciência dos escravos, pode confundir coisas que a verdade eterna separou por limites imutáveis.

## § XXVII

## DOS ATENTADOS CONTRA A SEGURANÇA DOS PARTICULARES E SOBRETUDO DAS VIOLÊNCIAS

Depois dos delitos que afetam a sociedade, ou o monarca que a representa, vêm os atentados contra a segurança dos particulares.

Como essa segurança é a finalidade de todas as sociedades humanas, não se pode deixar de castigar com as penalidades mais graves aquele que a viole.

Entre esses crimes, uns são atentados contra a existência, outros contra a honra e outros contra as propriedades. Discorreremos antes sobre os primeiros, que devem ser castigados com penas corporais.

Os atentados contra a existência e a liberdade dos cidadãos estão entre os grandes crimes. Compreendem-se, nesse tipo, não só os homicídios e os assaltos praticados por homens do povo, mas também as violências da mesma natureza exercidas pelos grandes e pelos juízes; delitos tanto mais graves quanto as ações dos homens graduados agem sobre a multidão com muito maior influência e os seus excessos desfazem no espírito dos cidadãos as ideias de justiça e de dever, para substituí-los pelos do direito do mais forte: direito do mesmo modo perigoso para quem dele abusa e para quem o sofre.

Se os poderosos e os ricos conseguem escapar a preço de ouro aos castigos que merecem os atentados contra a segurança do fraco e do pobre, as riquezas que, sob a proteção das leis, são a recompensa da indústria tornar-se-ão alimento do despotismo e da iniquidade.

A liberdade deixa de existir sempre que as leis permitam que em determinadas circunstâncias um cidadão deixe de ser "um homem" para vir a ser "uma coisa" que se possa pôr a prêmio. Vê-se, então, a astúcia dos homens poderosos inteiramente ocupada com o aumento de sua força e de seus privilégios, aproveitando todas as combinações que a lei torna favoráveis. Eis o mágico segredo que transformou a maioria dos cidadãos em bestas de carga; desse modo é que os poderosos acorrentaram escravos. Por essa razão é que alguns governos, que possuem todas as aparências de liberdade, gemem sob uma oculta tirania. Pelos privilégios dos poderosos é que os costumes tirânicos se fortalecem insensivelmente, após se terem introduzido na constituição, por vias que o legislador negligenciou obstar.

Os homens sabem erguer diques bastante fortes contra a tirania declarada; mas com frequência não enxergam o inseto imperceptível que mina sua obra e que abre, finalmente, à torrente impetuosa, uma estrada tanto mais certa quanto mais escondida.

Quais serão, portanto, as penas reservadas aos delitos dos nobres, cujos privilégios ocupam tão grande lugar na legislação da maioria dos povos? Não analisarei se essa distinção hereditária entre plebeus e nobres é útil ao governo ou necessária para as monarquias; nem se é verdade que a nobreza é um poder intermediário apropriado para conter em limites exatos o povo e o monarca; nem se essa ordem isolada da sociedade não tem o inconveniente de unir em um círculo estreito todas as vantagens da indústria, todas as esperanças e toda a felicidade — tal qual essas pequenas ilhas maravilhosas e férteis que se encontram no meio dos desertos terríveis da Arábia.

Ainda que fosse verdade que a desigualdade é inevitável e até útil na sociedade, é verdade que apenas deveria existir entre os indivíduos e em razão das dignidades e do mérito, porém não entre as ordens do Estado; que as distinções não devem estar apenas em um lugar, porém circular em todas as partes do corpo político; que as diferenças sociais devem nascer e desaparecer a cada momento, porém não se perpetuar nas famílias.

Qualquer que seja a conclusão de todas essas questões, direi somente que as penas das pessoas de mais alta linhagem devem ser as mesmas que as dos mais ínfimos cidadãos. A igualdade civil é anterior a todas as diferenças de honras e de riquezas. Se todos os cidadãos não dependerem de modo igual das mesmas leis, as distinções não serão mais legítimas.

Deve-se imaginar que os homens, renunciando à liberdade despótica recebida da natureza, para se congregarem em sociedade, disseram entre si: "O mais industrioso conseguirá as maiores honras, a glória de seu nome irá até os seus descendentes; contudo, apesar das honras e das riquezas, não temerá menos do que o último dos cidadãos a violação das leis que o colocaram acima dos demais".

É verdade que não existe assembleia geral da humanidade em que tal decreto tenha sido aprovado; ele se baseia, contudo, na natureza imutável dos sentimentos humanos.

A igualdade diante das leis não invalida as vantagens que os príncipes pensam retirar da nobreza; apenas impede os inconvenientes das distinções e torna as leis respeitáveis, tirando toda veleidade de impunidade.

Poder-se-á dizer, talvez, que a mesma pena, aplicada ao nobre e ao plebeu, torna-se inteiramente diferente e mais grave para o primeiro, em razão da educação que recebeu e pela infâmia que se dissemina pela família ilustre. Responderei, entretanto, que o castigo é medido pelo prejuízo causado à sociedade, e não pela sensibilidade do réu. Ora, o exemplo do delito é tanto mais prejudicial quanto é dado por um cidadão de condição mais alta.

Direi ainda que a igualdade do castigo somente pode ser exterior, e não pode ser em proporção ao grau de sensibilidade, que é diverso em cada indivíduo.

Com relação à infâmia que cobre uma família inocente, o monarca pode com facilidade apagá-la com demonstrações públicas de apreço. Sabe-se que essas demonstrações de favor têm foros de razão no povo crédulo e admirador.

## § XXVIII

## DAS INJÚRIAS

As injúrias pessoais, que são contra a honra, isto é, a essa justa parcela de estima que cada homem tem o direito de esperar de seus concidadãos, devem ser punidas pela infâmia. Existe uma contradição evidente entre as "leis" ocupadas especialmente com a proteção da fortuna e da existência de cada cidadão, e as leis do que se chama a "honra", que preferem a opinião a tudo o mais.

O termo "honra" é um desses sobre os quais se formularam os mais brilhantes raciocínios, sem se prender a qualquer ideia fixa e exata. Assim é a triste condição do espírito do homem, que conhece melhor as evoluções dos astros do que as verdades que o tocam de perto e que importam em sua felicidade. As noções morais que mais o interessam lhe são incertas; apenas as entrevê rodeadas de trevas e pairando ao sabor do turbilhão das paixões.

Tal fenômeno não causará mais espanto quando se levar em consideração que, semelhantemente aos objetos que se confundem aos nossos olhos, por estarem muito perto, as ideias morais perdem a clareza por estarem por demais ao nosso dispor.

Não obstante a sua simplicidade, percebemos com dificuldade os diversos princípios de moral e julgamos, muitas vezes sem os conhecer, os sentimentos do coração humano.

Quem observar com atenção a natureza e os homens, não ficará admirado por todas essas coisas; pensará que, para ser feliz e tranquilo, o homem talvez não tenha necessidade de tantas leis, nem de tão ostensivo aparato moral.

A ideia da honra é complexa, composta não só de inúmeras ideias simples, mas também de inúmeras ideias complexas. De conformidade com os diversos aspectos sob os quais a ideia de honra se apresenta ao espírito, às vezes ela engloba e outras exclui alguns elementos que a compõem, mantendo apenas nessas diferentes situações um pequeno número de elementos comuns, como diversas quantidades algébricas que admitem um divisor comum. Para encontrar esse divisor comum das diversas ideias que os homens fazem da honra, dirijamos um rápido olhar sobre a formação das sociedades.

As primeiras leis e os primeiros magistrados nasceram da necessidade de impedir os abusos que teria provocado o despotismo natural de todo homem mais forte que o vizinho. Essa foi a razão do estabelecimento da sociedade e é a base real ou aparente de todas as leis, ainda as que encerram normas de destruição.

Contudo, a aproximação entre os homens e os avanços de seus conhecimentos deram logo origem a uma infinidade de necessidades e de ligações recíprocas entre os membros da sociedade. Nem todas essas necessidades haviam sido previstas pela lei, e os meios modernos de cada cidadão não lhe bastavam para satisfazê-las. A partir daí começou a estabelecer-se o poder da opinião, pelo qual se podem obter certas vantagens que as leis não podiam dar, e evitar os males de que elas não podiam defender.

A opinião é que constitui, frequentemente, o suplício do sábio e do medíocre. É ela que confere às aparências da virtude o respeito que não dá à virtude mesma. É a opinião que faz de um vil criminoso um missionário ardente, quando oculta o seu interesse nessa hipocrisia.

Sob o domínio da opinião, a estima dos demais homens não é apenas útil, mas indispensável àquele que ficar no nível dos seus concidadãos. O ambicioso busca os votos da opinião que atende a seus projetos; o homem inútil mendiga-os, como afirmação do próprio valor; o homem de honra exige-os, pois não pode dispensá-los.

Essa honra, que muitos preferem à própria vida, só foi conhecida após os homens se reunirem em sociedade; não pôde ser posta no depósito comum. O sentimento que nos une à honra não é mais do que uma volta momentânea ao estado da natureza, um movimento que nos tira por um momento as leis cuja proteção é insuficiente em certos momentos.

Daí se conclui que, na extrema liberdade política, como na extrema dependência, as ideias de honra somem ou se confundem com outras ideias.

Numa situação de liberdade ilimitada, as leis protegem com tanta força que não se precisa buscar os votos da opinião pública.

No estado de absoluta escravidão, o despotismo, que anula a vida civil, apenas deixa a cada indivíduo uma personalidade precária e momentânea.

A honra apenas é, portanto, uma noção fundamental nas monarquias moderadas, onde a tirania do senhor é controlada pelas leis. A honra produz, numa monarquia, quase o mesmo efeito que a revolta nos Estados tirânicos. O súdito ingressa momentaneamente no estado natural, e o soberano tem a lembrança da antiga igualdade.

## § XXIX

## DOS DUELOS

A honra, que não é mais do que a necessidade dos votos públicos, deu origem aos combates singulares, que só puderam se estabelecer na desordem das leis más.

Se os duelos não eram comuns na Antiguidade, como muitos acreditam, é porque os antigos não se reuniam armados com um sentimento de desconfiança, nos templos, no teatro e entre os companheiros. Talvez, ainda, sendo o duelo um espetáculo costumeiro que vis escravos ofereciam ao povo, os homens livres tivessem medo de que os combates singulares não bastassem para que eles fossem considerados homens de honra.

Seja como for, foi em vão que se experimentou entre os modernos obstar os duelos com a pena de morte. Essas leis severas não conseguiram destruir um uso baseado numa espécie de honra, mais cara aos homens do que a existência mesma. O cidadão que recusa um duelo vê-se vítima do desprezo dos seus concidadãos; é obrigado a uma vida de solidão, a renunciar aos encantos da sociedade, ou a expor-se sempre aos insultos e à vergonha, cujos reiterados golpes o afetam de maneira mais cruel do que a ideia do suplício.

Por que razão serão os duelos menos comuns entre os homens do povo do que entre os grandes? É apenas porque o povo não carrega espada, é porque tem menos necessidade dos votos públicos do que os homens de posição mais elevada, que se observam entre si com mais desconfiança e inveja.

Não é demais repetir aqui o que já foi dito certa ocasião: que o mais eficiente meio de obstar o duelo é castigar o agressor, isto é, aquele que provocou a querela, e declarar inocente aquele que, sem tentar tirar a espada, foi obrigado a defender a própria honra, isto é, a opinião, que as leis não defendem suficientemente, e demonstrar aos seus compatriotas que pode respeitar as leis, porém não teme os homens.

## § XXX

## DO ROUBO

Um roubo praticado sem o uso de violência apenas deveria ser punido com uma pena em dinheiro. É justo que aquele que rouba o bem de outrem seja despojado do seu.

Contudo, se o roubo é comumente o crime da miséria e da aflição, se esse crime apenas é praticado por essa classe de homens infelizes, para os quais o direito de propriedade (direito terrível e talvez desnecessário) apenas deixou a vida como único bem, as penas em dinheiro contribuirão tão somente para aumentar os roubos, fazendo crescer o número dos mendigos, tirando o pão a uma família inocente para dá-lo a um rico talvez criminoso.

A pena mais apropriada ao roubo será, portanto, essa espécie de escravidão, a única que pode ser chamada de justa, isto é, a escravidão temporária, que dá à sociedade domínio total sobre a pessoa e sobre o trabalho do culpado para fazê-lo pagar, por essa dependência, o dano que causou e a violação do pacto social.

Se, contudo, o roubo é seguido de violência, é justo acrescentar à escravidão as penas corporais.

Outros escritores mostraram, precedendo-me, os graves inconvenientes que advêm do uso de aplicar as mesmas penas contra os roubos praticados com violência e contra os roubos em que o ladrão apenas utilizou a astúcia. Mostrou-se o absurdo de pôr na mesma balança uma quantia determinada de dinheiro e a vida de um homem. O roubo com violência e o roubo com astúcia são crimes totalmente diversos; e a política sã deve admitir, mais ainda do que a matemática, o axioma certo de que entre dois objetos heterogêneos há uma distância infinita.

Tais coisas foram expressas; contudo é sempre útil repetir verdades que jamais se puseram em prática. Os corpos políticos mantêm por muito tempo o movimento recebido; é, entretanto, lento e difícil imprimir-lhes um novo movimento.

## § XXXI

## DO CONTRABANDO

O contrabando é um crime real, que produz ofensa ao soberano e à nação, porém cuja pena não deveria ser infamante, pois a opinião pública não liga qualquer infâmia a esse tipo de crime.

Por que, então, o contrabando, que é roubo que se faz ao príncipe, e por conseguinte ao país, não acarreta a infâmia sobre aquele que o pratica? É que os crimes que os homens não consideram nocivos aos seus interesses não afetam o suficiente para provocar a indignação do povo. Assim é o contrabando. Os homens, aos quais as distantes consequências de um ato apenas produzem impressões fracas, não veem o prejuízo que o contrabando lhes pode provocar. Chegam até, muitas vezes, a tirar dele vantagens momentâneas. Não enxergam mais que o mal causado ao príncipe e, para recusarem estima ao culpado, só têm um motivo premente contra o ladrão, o falsário e alguns outros celerados que podem prejudicá-los pessoalmente.

Essa maneira de sentir é efeito do princípio irrefutável de que todo ser sensível apenas se interessa pelos males que conhece.

O contrabando é crime gerado pelas próprias leis, porque, quanto mais se aumentam os direitos, maior é a vantagem do contrabando; a tentação de o exercer é também tão instantânea quanto maior a facilidade em praticar essa espécie de delito, principalmente se os objetos proibidos são de pequeno porte e se são interditados numa área tão grande de território, que a extensão torne difícil guardá-lo.

O confisco das mercadorias que são proibidas, e até de tudo quanto se encontre apreendido como objeto de contrabando, é uma pena muito justa. Para fazê-lo mais eficiente, seria necessário que os direitos fossem pouco consideráveis; pois os homens só se arriscam na proporção do lucro que o êxito possa trazer-lhes.

Dever-se-á, contudo, deixar sem punição o culpado que nada tem a perder? Não. Os impostos ocupam porção tão essencial e tão difícil em uma boa legislação, e estão tão comprometidos em certas classes de contrabando, que tal crime merece uma pena considerável, como a prisão e até a escravidão, porém uma prisão e uma escravidão análogas à natureza do crime.

Por exemplo, a prisão de um contrabandista de fumo não deve ser a mesma de um assassino ou de um ladrão; e, indubitavelmente, o castigo mais apropriado ao tipo do crime seria aplicar à utilidade do fisco a escravidão e o trabalho daquele que pretendeu fraudar-lhes os direitos.

## § XXXII

## DAS FALÊNCIAS

A boa-fé dos contratos e a garantia do comércio obrigam o legislador a conceder recurso aos credores sobre a pessoa de seus devedores, assim que estes abrem falência. Deve-se, entretanto, não confundir o falido de modo fraudulento e aquele que o faz de boa-fé. O primeiro teria de ser castigado como os moedeiros falsos, pois não é mais grave o delito de falsificar o metal amoedado, que é a base da garantia dos homens entre si, do que falsificar essas mesmas obrigações.

Contudo, aquele que vai à falência de boa-fé, o desgraçado que pode provar de modo evidente aos seus juízes a falta de fidelidade de outrem, as perdas de seus correspondentes, ou enfim imprevistos que a prudência humana não conseguiria evitar e que o privaram de seus bens, deve ser tratado com menos rigor. Por que bárbaro motivo ousar-se-á mergulhá-lo nas masmorras, tirar-lhe o único bem que ainda tem na miséria, a liberdade, e misturá-lo com os criminosos e obrigá-lo a arrepender-se por ter sido honesto? Vivia sossegado, ao abrigo de sua probidade, e tinha a proteção das leis. Se não as cumpriu, é porque não podia adaptar-se inteiramente a essas leis severas, que o poder e a avidez insensível impuseram e que o pobre aceitou, atraído pela esperança, que permanece sempre no coração do homem e que o faz crer que todos os eventos venturosos serão para ele e todas as desgraças para os outros.

O temor de ser ofendido prepondera quase sempre na alma humana sobre o desejo de prejudicar; e os homens, deixando-se levar por suas primeiras impressões, amam as leis duras, ainda que seja de seu interesse viver sob o império de leis suaves, visto que eles mesmos estão submetidos a elas.

Entretanto, retornemos ao falido em boa-fé: não o desobriguem de sua dívida, a não ser quando ele a tiver saldado completamente; tirem-lhe o direito de se subtrair aos seus credores sem a aprovação destes, e a liberdade de continuar a dirigir a sua indústria; obriguem-no a utilizar seu trabalho e talentos no pagamento de seu débito, em proporção aos seus lucros. Mas sob nenhum pretexto legítimo poder-se-á fazê-lo sofrer uma prisão injusta e inútil aos credores.

Poder-se-á dizer, talvez, que os horrores da prisão constrangerão o falido a revelar as trapaças que provocaram uma falência que se suspeita fraudulenta. É muito raro, contudo, que esse tipo de tormento seja necessário, se se proceder a um exame rigoroso do procedimento e dos negócios do acusado.

Se a fraude usada pelo falido ficar muito duvidosa, será preferível optar pela sua inocência. Existe uma máxima quase sempre exata em legislação, que afirma que a não punição de um culpado traz graves inconvenientes; porém a impunidade é pouco perigosa quando o crime é difícil de ser verificado.

Poder-se-á alegar ainda a necessidade de defender os interesses do comércio, tanto quanto o direito de propriedade, que se deve considerar sagrado. Contudo, o comércio e o direito de propriedade não constituem o fim do pacto social, são somente meios que podem levar a tal finalidade.

Se todos os que compõem a sociedade se submeterem a leis cruéis, para preservá-los dos inconvenientes que são as consequências naturais do estado social, isso será faltar à finalidade tentando atingi-la; e esse é o erro pernicioso que arrebata o espírito humano em todas as ciências, porém especialmente na política.[17]

Poder-se-ia distinguir a fraude do crime grave porém menos odioso, e estabelecer uma diferença entre o crime grave e a falta

---

[17] Nas primeiras edições desta obra, eu também pratiquei esse erro. Ousei dizer que o falido de boa-fé devia ser guardado como garantia de sua dívida, posto em estado de escravidão e forçado a trabalhar por conta dos credores. Envergonho-me de ter escrito essas coisas atrozes. Acusaram-me de impiedade e de sedição, sem que eu fosse sedicioso nem impiedoso. Ataquei os direitos da humanidade, e ninguém se pôs contra mim... (N. A.)

sem importância, que seria preciso separar também da perfeita inocência.

No primeiro caso, seriam aplicadas ao réu as penas imputáveis ao delito de falsário. O segundo crime receberia punição de penas menores, com a perda da liberdade. Deixar-se-ia ao falido completamente inocente a escolha dos meios que quisesse utilizar para restabelecer os seus negócios; e, no caso de um delito leve, os credores teriam o direito de prescrever tais meios.

A distinção, porém, entre faltas graves e leves deve ser ato de lei, que é a única imparcial; seria perigoso deixá-la entregue à prudência arbitrária de um magistrado. É tão urgente estabelecer limites na política quanto nas matemáticas, pois o bem público mede-se como os espaços e a extensão.

O legislador previdente com facilidade impediria a maior parte das falências fraudulentas e remediaria a desgraça do homem laborioso, que falta aos seus compromissos mas não é culpado disso. Que todos os cidadãos possam consultar, a qualquer momento, os registros públicos, nos quais existirá uma informação exata de todos os contratos; e que contribuições sabiamente repartidas entre os comerciantes venturosos constituam um banco que forneça somas convenientes para socorrer a indústria infeliz. Esses estabelecimentos só poderão ter vantagens inumeráveis, sem verdadeiros inconvenientes.

Contudo, essas leis fáceis e ao mesmo tempo tão singelas e tão excelsas; essas leis que apenas esperam o sinal do legislador para disseminar sobre as nações a abundância e a força; essas leis que constituiriam motivo de eterno reconhecimento de todas as gerações são desconhecidas ou rejeitadas. Um espírito de hesitação, ideias mesquinhas, a tímida prudência do momento, uma rotina teimosa que tem medo das inovações mais úteis: esses são os móveis comuns dos legisladores que controlam o destino da fraca humanidade.

## § XXXIII

## DOS CRIMES QUE PERTURBAM A TRANQUILIDADE PÚBLICA

A terceira espécie de crimes que distinguimos é a dos que perturbam, de modo particular, o repouso e a tranquilidade pública: discussões e arruaças de pessoas que se confrontam na via pública, destinada ao comércio e ao trânsito dos cidadãos, e os discursos fanáticos que provocam com facilidade as paixões de um populacho curioso e que emprestam grande força à multidão de ouvintes e especialmente um certo entusiasmo sem sentido e misterioso, com poder muito maior sobre o espírito do povo do que a calma razão, cuja linguagem a multidão não compreende.

Iluminar as cidades durante a noite à custa do público; pôr guardas de segurança nos diferentes bairros das cidades; reservar ao silêncio e à tranquilidade sacra dos templos, que o governo protege, os discursos de moral religiosa, e aqueles destinados a manter os interesses particulares e públicos às assembleias do país, aos parlamentos, aos locais, enfim, onde reside a majestade soberana: essas são as medidas apropriadas para prevenir a perigosa fermentação das paixões populares; e são esses os principais assuntos que devem ocupar a atenção do magistrado de polícia.

Contudo, se tal magistrado não procede de acordo com as leis conhecidas e habituais a todos os cidadãos; se tem, ao contrário, o poder de fazer ao seu capricho leis que julga serem necessárias, abre desse modo a porta à tirania, que espreita incessantemente em torno das barreiras que a liberdade pública lhe fixou e que só procura transpô-las.

Acredito não existir exceção à regra geral de que os cidadãos devem conhecer o que precisam fazer para serem culpados, e o que necessitam evitar para serem inocentes.

Um governo que precisa de censores, ou de outra qualquer espécie de magistrados arbitrários, demonstra que está mal organizado e que sua constituição carece de força. Em um país onde o destino dos cidadãos está entregue à incerteza, o despotismo oculto imola mais vítimas do que o tirano cruel que procede abertamente. Este último revolta, porém não avilta.

O verdadeiro tirano principia sempre dominando a opinião; quando é senhor dela, apressa-se em comprimir as almas corajosas, das quais tudo tem a recear, porque só se apresentam com o facho da verdade, quer no incêndio das paixões, quer no desprezo aos perigos.

## § XXXIV

## DA OCIOSIDADE

Os governos sábios não sofrem, em meio ao trabalho e à indústria, uma espécie de ociosidade que contraria a finalidade política do estado social: quero falar de certas pessoas ociosas e inúteis que não dão à sociedade nem trabalho nem riquezas, que acumulam sempre sem nunca perder, que o povo respeita com uma tola admiração, e que aos olhos do sábio são objeto de desprezo. Desejo falar de certas pessoas que desconhecem a necessidade de administrar ou aumentar os confortos da existência, única razão que pode movimentar a atividade humana, e que, indiferentes à prosperidade do Estado, apenas se inflamam com paixão por opiniões que são de seu agrado, mas que podem ser perigosas.

Austeros declamadores confundiram essa classe de ociosidade com a que é proveniente das riquezas conquistadas pela indústria. Cabe apenas às leis, e não à severa virtude (mas fechada em ideias estreitas) de alguns censores, definir a espécie de ociosidade passível de punição.

Não é ocioso aquele que, em troca dos prazeres que desfruta, em decorrência dos vícios ou virtudes de algum antepassado, garante o pão e a vida dos pobres que trabalham e que se veem na contingência de manter uma guerra pacífica entre a indústria e a opulência, em lugar de uma guerra sangrenta da força contra a força.

Esse tipo de ociosidade pode até se tornar vantajoso, conforme a sociedade aumenta e o governo proporciona aos cidadãos maior dose de liberdade.

## § XXXV

## DO SUICÍDIO

O suicídio é um crime que parece não poder estar submetido a qualquer tipo de pena; pois esse castigo recairia apenas sobre um corpo sem sensibilidade e sem vida, ou sobre pessoas inocentes. Ora, o castigo que fosse aplicado contra os restos sem vida do culpado não produziria nenhuma impressão nos espectadores senão a que eles sentiriam vendo fustigar uma estátua.

Se o castigo é aplicado sobre a família inocente, ele se torna despótico e odioso, pois já não existe liberdade quando os castigos não são essencialmente pessoais.

Os homens têm demasiado amor à vida; estão presos a ela por todos os objetos que os rodeiam; a imagem sedutora do prazer e a suave esperança — amável feiticeira que introduz algumas gotinhas de felicidade no licor envenenado dos sofrimentos que bebemos a grandes sorvos —, encantam com muita força o coração dos homens, para que se possa temer que a impunidade contribua para tornar o suicídio mais corriqueiro.

Se se obedece às leis por medo de um suplício cruciante, aquele que se suicida nada precisa recear, pois a morte destrói toda a sensibilidade. Não é, portanto, essa razão que poderá segurar a mão desesperada do suicida.

Aquele que se mata, porém, produz menos mal à sociedade do que aquele que renuncia para sempre à sua pátria. O primeiro abandona tudo ao seu país, enquanto o outro lhe rouba a sua pessoa e uma parte de seus bens.

Direi mais. Como a fortaleza de um país reside no número dos cidadãos, aquele que deixa o seu país para dedicar-se a outro causa à sociedade o dobro do prejuízo que causaria o suicida.

A questão fica reduzida, portanto, em saber se é útil ou perigoso à sociedade deixar a cada um de seus membros uma liberdade perpétua de se afastar dela.

Toda lei que por si mesma não é forte, toda lei cuja execução pode ser obstada em determinadas circunstâncias nunca deveria ter sido promulgada. A opinião, que dirige os espíritos, obedece às impressões lentas e indiretas que o legislador lhes sabe dar; resiste, contudo, aos seus esforços, quando são violentos e diretos; e as leis inúteis, que de imediato são desprezadas, comunicam seu aviltamento às leis mais salutares, que são vistas antes como óbices a vencer do que como a salvaguarda da paz pública.

Ora, como a energia de nossos sentimentos é limitada, se se desejar forçar os homens a ter respeito por objetos alheios ao bem social, eles terão menos veneração pelas leis verdadeiramente úteis.

Não me deterei no desenvolvimento das vantajosas consequências que um sábio propiciador da felicidade pública poderá tirar desse princípio; tentarei apenas provar que não é preciso tornar o Estado uma prisão.

Uma lei que procurasse retirar dos cidadãos a liberdade de deixar o seu país seria uma lei sem utilidade; pois, a não ser que montanhas intransponíveis ou mares impraticáveis isolem esse país de todos os outros, como guardar todos os pontos de suas fronteiras? Como guardar os próprios guardas?

O imigrante que carrega consigo tudo quanto tem nada deixa sobre que as leis possam aplicar a pena com que o ameaçam. Seu delito já não pode ser punido, uma vez que foi praticado; e infligir-lhe uma pena antes que ele esteja consumado é castigar a intenção e não o fato, é fazer valer um poder despótico sobre o pensamento, sempre livre e sempre independente das leis humanas.

Procurar-se-á punir o fugitivo com o confisco dos bens que ele deixa? Mas a conclusão, que não se pode impedir por menos que se respeitem os contratos dos cidadãos entre si, tornaria esse processo ilusório. Além disso, tal lei destruiria qualquer comércio entre os países; e, se se castigasse o emigrado, caso ele regressasse ao país, isso seria o mesmo que o impedir de corrigir o prejuízo que causou à sociedade e banir para sempre aquele que uma vez se tivesse afastado da pátria.

Finalmente, a proibição de deixar um país apenas faz crescer, em quem nele reside, o desejo de o deixar, enquanto desvia os estrangeiros de nele se fixarem. O que pensar, portanto, de um governo que não possui outro meio senão o medo, para fazer que os homens fiquem em sua pátria, à qual estão naturalmente presos pelas primeiras impressões da infância?

O modo mais correto de prender os homens em sua pátria é fazer que aumente o bem-estar de cada cidadão. Assim, como todo governo deve utilizar os maiores esforços para fazer que penda a seu favor a balança do comércio, assim também o maior interesse do monarca e do país é que o total de felicidade seja aí maior do que entre os povos vizinhos.

Os prazeres do luxo não são os principais fatores dessa felicidade: embora impedindo que as riquezas se reunam numa única mão, tornam-se um remédio necessário à desigualdade, que mais se fortalece à proporção que a sociedade faz mais progressos.[18]

Contudo, os prazeres do luxo são o fundamento da felicidade pública em uma nação onde a segurança dos bens e a liberdade dos cidadãos dependem exclusivamente das leis, porque então tais prazeres favorecem a população, enquanto se tornam um instrumento de tirania para um povo que não tem garantidos os seus direitos. Do mesmo modo que os animais mais generosos e os livres habitantes dos ares dão preferência às solidões inacessíveis e às florestas distantes, onde sua liberdade não está em perigo, evitando os campos alegres e providos, que o homem, seu inimigo, semeou de armadilhas, também os homens fogem do próprio prazer, quando lhes é ofertado pela mão dos tiranos.[19]

---

[18] O comércio ou a troca dos prazeres do luxo não deixa de ter seus inconvenientes. Tais prazeres são preparados por muitos agentes, porém partem de um pequeno número de mãos e são distribuídos a um número limitado de homens. A maioria somente rara vez pode prová-los em pequena dose. Eis porque o homem se lamenta quase sempre de sua miséria. Contudo, esse sentimento é apenas o efeito da comparação e nada tem de real. (N. A.)

[19] Quando a extensão de um país cresce em proporção superior ao crescimento de sua população, o luxo favorece a tirania, pois a indústria particular diminui à medida que os homens estão mais dispersos, e, quanto menos indústria houver, mais os pobres dependerão dos ricos, cujo fausto os faz subsistir. Torna-se, então, tão difícil para os oprimidos reunirem-se contra os opressores, que as insurreições deixam de ser temidas. Os homens poderosos conseguem com mais facilidade a submissão, a obediência, a veneração e essa espécie de culto que torna mais sensível a distância que o despotismo estabelece

Está, pois, demonstrado que a lei que prende os cidadãos ao seu país é sem utilidade e injusta; o mesmo raciocínio pode ser feito a respeito da que pune o suicídio.

Trata-se de um delito que Deus castiga depois da morte do culpado, e só Deus pode castigar após a morte.

Não é, entretanto, um delito perante os homens, pois o castigo recai sobre a família inocente e não sobre o culpado.

Se levantarem a objeção de que o medo de tal castigo pode, porém, segurar a mão do desgraçado decidido a morrer, responderei que aquele que calmamente renuncia à doçura de viver e odeia suficientemente a existência na terra para preferir a ela uma eternidade talvez infeliz, não ficará certamente comovido com o pensamento remoto e menos forte de vergonha que o delito trará sobre a sua família.

## § XXXVI

## DE ALGUNS DELITOS DIFÍCEIS DE SEREM CONSTATADOS

Praticam-se na sociedade alguns crimes que são muito frequentes, porém difíceis de serem provados. São, por exemplo, o adultério, a pederastia, o infanticídio.

---

entre o homem poderoso e o desventurado. Os homens são mais independentes quando são menos observados, e são menos observados quando são em maior número. Por outro lado, quando a população cresce em proporção maior do que a extensão do país, o luxo se torna, ao contrário, uma barreira contra o despotismo. Anima a indústria com o trabalho dos cidadãos. O rico acha em redor de si muitos prazeres para se entregar inteiramente ao luxo da ostentação, o único que pode firmar no espírito do povo a ideia de sua dependência. E pode-se observar que nos Estados vastos, porém fracos e despovoados, o luxo de ostentação deve prevalecer, se outras coisas não o impedem; enquanto o luxo de comodidade tenderá a diminuir cada vez mais a ostentação nos países mais populosos do que extensos. (N. A.)

O adultério é um delito que, observado do ponto de vista político, apenas é tão comum porque as leis não são fixas e porque os dois sexos são por natureza atraídos um pelo outro.[20]

Se eu estivesse falando a povos ainda desprovidos das luzes da religião, acrescentaria que existe uma grande diferença entre esse crime e todos os demais. O adultério é produzido pelo abuso de uma necessidade permanente, comum a todos os mortais, que é anterior à sociedade; ao passo que os demais crimes, que tendem quase sempre à destruição do contrato social, são antes a consequência das paixões do momento do que das necessidades da natureza.

Os que conhecem a História e estudaram os homens reconhecerão que o número dos crimes causados pela tendência de um sexo para outro é, no mesmo clima, sempre igual a uma quantidade constante. Se é assim, toda lei, todo uso cujo fim fosse diminuir a soma total das consequências dessa paixão seria desnecessária e mesmo prejudicial, pois o efeito dessa lei seria sobrecarregar uma parte da sociedade com suas próprias necessidades e com as dos outros. O partido mais sábio seria, portanto, acompanhar até um ponto dado o declive do rio das paixões e dividir-lhe o curso num número de regatos suficientes para impedir em toda parte dois excessos contrários, a seca e as enchentes.

A fidelidade no casamento é sempre mais garantida à medida que os matrimônios são mais numerosos e mais livres. Se os preconceitos hereditários os conciliam, se o pátrio poder os forma e os impede ao seu capricho, a galantaria em segredo lhes quebra os liames, apesar das declamações dos moralistas vulgares, sempre dados a gritar contra os efeitos, omitindo as causas.

---

[20] Essa atração parece-se em muitas coisas com a gravitação universal. A força dessas duas causas diminui com a distância. Se a gravitação altera os movimentos dos corpos, a atração natural de um sexo por outro atinge todos os movimentos da alma, enquanto perdurar sua atividade. Tais causas são diferentes pelo fato de que a gravitação se coloca em equilíbrio com os obstáculos que acha, enquanto a paixão do amor adquire com os obstáculos mais força e vigor. (N. A.)

Essas reflexões, porém, não têm utilidade para aqueles que as razões sublimes da religião conservam nos limites do dever, que a força da natureza os impele a transpor.

O adultério é crime de momento; cerca-se de mistério; cobre-se com um véu que as próprias leis fazem empenho em manter, véu necessário, porém de tal maneira transparente que apenas faz aumentar os encantos do objeto que esconde. As oportunidades são tão fáceis, os efeitos tão duvidosos, que é bem mais fácil ao legislador preveni-lo quando não foi praticado do que reprimi-lo quando já se estabeleceu.

Regra geral: em todo delito que, por sua natureza, deve quase sempre ficar sem punição, o castigo é um incentivo a mais. Nossa imaginação mais vivamente se excita e mais ardorosamente se empenha em perseguir o objeto de seus desejos quando as dificuldades que se apresentam não são insuperáveis e quando não apresentam aspecto muito desencorajador em relação ao grau de atividade que se tem no espírito. Os obstáculos tornam-se, por assim dizer, as tantas barreiras que obstam nossa imaginação caprichosa de afastar-se delas, e que continuamente a obrigam a meditar nos efeitos da ação que reflete. Então a alma se prende com mais força aos lados agradáveis que a seduzem do que aos efeitos perigosos cuja ideia se esforça em afastar.

A pederastia, que as leis castigam com tanto rigor e contra a qual se utilizam tão facilmente esses tormentos atrozes que vencem a própria inocência, é menos a consequência das necessidades do homem isolado e livre do que o desvio das paixões do homem escravizado que vive em sociedade. Se em alguns casos é produzida pela saciedade dos prazeres, é muito comumente a consequência dessa educação que, para fazer que os homens sejam úteis aos demais, principia por torná-los inúteis a si mesmos, nessas casas onde uma juventude numerosa, viva, ardorosa, porém separada por obstáculos invencíveis do sexo, do qual a natureza lhe pinta com força todos os encantos, prepara a si mesma uma velhice precoce, consumindo antecipadamente, sem utilidade para a humanidade, um vigor mal desabrochado.

O infanticídio é, ainda, o efeito quase inevitável da terrível alternativa em que se encontra uma desgraçada, que apenas cedeu por fraqueza, ou que sucumbiu aos esforços da violência. De um lado a infâmia, de outro a morte de um ente incapaz de avaliar a perda da existência: como não haveria de preferir essa última alternativa, que a subtrai à vergonha, à miséria, juntamente com o infeliz filhinho?

A melhor maneira de evitar essa espécie de crime seria proteger com leis eficientes a fraqueza e a desventura contra essa espécie de despotismo, que apenas se ergue contra os vícios que não podem se cobrir com o manto da virtude.

Não é meu desejo enfraquecer o justo horror que devem inspirar os delitos que acabamos de enunciar. Pretendi indicar suas origens e imagino que me será dado tirar daí a consequência geral de que não é possível chamar exatamente justa ou necessária (o que vem a ser o mesmo) a punição de um crime que as leis não procuram prevenir com os melhores meios possíveis e conforme as circunstâncias em que se acha um país.

## § XXXVII

## DE UMA ESPÉCIE PARTICULAR DE CRIME

Aqueles que lerem esta obra notarão sem dúvida que não fiz menção de um tipo de crime cujo castigo encheu a Europa de sangue humano.

Não descrevi esses espetáculos terrificantes em que o fanatismo erguia permanentemente fogueiras, onde corpos humanos alimentavam as chamas, em que a turba feroz se comprazia em escutar os gemidos abafados dos desgraçados, em que os cidadãos corriam, como a um divertimento, para contemplar a morte dos seus irmãos, em meio a turbilhões de negro fumo, onde os locais públicos ficavam repletos de restos palpitantes e de cinzas humanas.

Os homens de espírito esclarecido verão que o país onde moro, o século em que vivo e o assunto de que trato não me permitiram constatar a natureza desse crime. Seria, ademais, empreendimento muito longo e que me afastaria por demais do meu assunto, desejar provar, contra o exemplo de muitos países, a necessidade de uma completa uniformidade de opinião em um Estado político; tentar provar como certas fés religiosas, entre as quais só podem encontrar-se diferenças sutis, obscuras e muito acima da capacidade do homem, podem entretanto perturbar a calma pública, a não ser que uma só seja autorizada e todas as outras proscritas.

Seria necessário demonstrar ainda como algumas dessas crenças, tonando-se mais claras pela fermentação dos espíritos, podem fazer nascer do choque das opiniões a verdade, que então sobrepaira após ter destruído o erro, enquanto outras seitas, pouco estáveis em seus fundamentos, têm necessidade, para se fixarem, de se apoiarem na força.

Seria muito longo, do mesmo modo, demonstrar que, para reunir todos os cidadãos de um Estado em perfeita identidade de opiniões religiosas, é necessário tiranizar os espíritos e obrigá-los a vergar sob o jugo da força, ainda que tal violência se oponha à razão e à autoridade que mais respeitamos, que nos recomenda a doçura e o amor ao próximo, ainda que seja evidente que a força apenas faz hipócritas e, por conseguinte, almas vis.

Deve-se acreditar que todas essas coisas ficarão demonstradas e de acordo com os interesses da humanidade, se existir em algum lugar uma autoridade legítima e reconhecida que as coloque em prática.

No que respeita a mim, apenas discorro aqui dos delitos que pertencem ao homem natural e que desrespeitam o contrato social; devo silenciar, contudo, sobre os pecados cujo castigo, ainda temporal, deve ser ordenado conforme regras outras que não as da filosofia.

## § XXXVIII

## DE ALGUMAS FONTES GERAIS DE ERRO E DE INJUSTIÇAS NA LEGISLAÇÃO

### *E, antes de tudo, das falsas ideias de utilidade*

As falsas ideias que os legisladores fizeram da utilidade são uma das fontes mais fecundas de erros e de injustiças.

É ter ideias falsas de utilidade ocupar-se mais com inconvenientes particulares do que com os gerais; desejar comprimir os sentimentos naturais em vez de procurar excitá-los; fazer silenciar a razão e dizer ao pensamento: "Sê escravo".

É ter ainda ideias falsas de utilidade sacrificar mil vantagens verdadeiras ao receio de uma desvantagem imaginária ou pouco importante.

Não teria certamente ideias justas aquele que pretendesse tirar aos homens o fogo e a água, pois esses dois elementos provocam incêndios e inundações, a quem só soubesse obstar o mal pela destruição.

Podem igualmente considerar-se como contrárias ao fim de utilidade as leis que proíbem o porte de armas, porque apenas desarmam o cidadão pacífico, enquanto a deixam a arma nas mãos do criminoso, muito habituado a violar as convenções mais sagradas para respeitar aquelas que são somente arbitrárias.

Além disso, tais convenções são de pouca importância; pouco perigo existe em infringi-las e, por outro lado, se as leis que desarmam fossem rigorosamente executadas, destruiriam a liberdade pessoal, tão necessária ao homem, tão respeitável aos olhos do legislador esclarecido; submeteriam a inocência a todas as investigações, a todos os vexames arbitrários que apenas devem ser reservados aos celerados.

Essas leis apenas servem para aumentar os assassínios, colocam o cidadão indefeso aos golpes do criminoso, que fere mais audaciosamente um homem sem armas; favorecem o bandido que ataca, em detrimento do homem honesto que é atacado.

Tais leis são apenas o ruído das impressões tumultuosas que acarretam alguns fatos particulares; não podem ser o efeito de combinações sábias que pesam numa só balança os males e os bens; não é para prevenir os crimes, mas pelo vil sentimento do medo, que se fazem essas leis.

É por uma falsa ideia de utilidade que se procura submeter uma infinidade de seres sensíveis à singularidade simétrica que pode receber matéria bruta e sem vida; que se deixam de considerar as razões presentes, únicas capazes de impressionar o espírito humano de modo forte e durável, para utilizar razões remotas, cuja impressão é fraca e passageira, a não ser que uma grande força de imaginação, que apenas se encontra num pequeno número de homens, supra o afastamento do objeto, conservando-o sob relações que o aumentam e o aproximam.

Finalmente, podem chamar-se ainda falsas ideias de utilidade aquelas que separam o bem geral dos interesses particulares, sacrificando as coisas às palavras.

Existe, entre o estado de sociedade e o estado de natureza, a diferença de que o homem selvagem somente faz mal a outrem quando nisso vê alguma vantagem para si, enquanto o homem social às vezes é levado, por leis viciosas, a prejudicar sem nenhum proveito.

O déspota espalha o medo e o abatimento na alma de seus escravos, porém esse receio e esse abatimento se voltam contra ele mesmo, logo lhe assoberbam o coração e o fazem vítima de males maiores do que os que ele provoca.

O que se compraz em inspirar o terror corre poucos riscos, se teme somente a própria família e as pessoas que o rodeiam. Contudo, quando o terror é generalizado, quando atinge uma grande multidão de homens, o tirano deve recear. Tema a temeridade, o desespero; tema, especialmente, o homem cheio de audácia, porém prudente, que souber com habilidade erguer contra ele os descontentes, tanto mais fáceis de serem seduzidos quando se despertarem na alma as mais caras esperanças e quando se tiver o cuidado de lhes apontar os perigos do empreendimento repartidos entre um sem-número de comparsas. Acrescentai a isso que os desgraçados dão menos valor à sua vida na proporção dos males que os afligem.

Aí está, sem dúvida, a razão pela qual as ofensas são quase sempre acompanhadas de ofensas novas. O despotismo e o ódio são sentimentos duradouros, que se mantêm e adquirem novas forças à proporção que são exercidos; ao passo que, em nossos corações corrompidos, o amor e os sentimentos de ternura se debilitam e se extinguem na ociosidade.

## § XXXIX

## DO ESPÍRITO DE FAMÍLIA

O espírito de família é outra fonte geral de injustiças na legislação.

Se os dispositivos bárbaros e os demais vícios das leis penais foram aceitos pelos legisladores mais esclarecidos, nas repúblicas com maior liberdade, é porque se considerou o Estado mais como uma sociedade composta de famílias do que como a reunião de certo número de homens.

Imagine-se um país formado por cem mil homens, distribuídos em vinte mil famílias de cinco membros cada, incluindo o chefe que a representa; se a associação é formada por famílias, existiriam vinte mil cidadãos e oitenta mil escravos; se é constituída por indivíduos, existiriam cem mil cidadãos livres.

No primeiro caso, seria uma república de vinte mil pequenas monarquias; no segundo, tudo respirará o espírito de liberdade, que animará os cidadãos, não só nas praças públicas e nas assembleias da nação, porém mesmo sob o teto doméstico, onde residem os principais elementos de felicidade e de miséria.

Se a associação é constituída por famílias, as leis e os usos, que são sempre o efeito dos sentimentos comuns dos participantes da sociedade política, serão obras dos chefes dessas famílias; logo se verá o espírito monárquico penetrar aos poucos na própria república, e os seus efeitos só encontrarão obstáculos na oposição dos interesses privados, pois os sentimentos naturais de liberdade e de igualdade já terão deixado de existir nos corações.

O espírito de família é um espírito de minúcia limitado pelos mais insignificantes pormenores; ao passo que o espírito público, ligado a princípios gerais, vê os fatos com visão segura, coordena-os nos lugares respectivos e sabe tirar deles efeitos úteis ao bem da maioria.

Nas sociedades formadas de famílias, as crianças estão sob a dependência dos chefes e são obrigadas a esperar que a morte lhes dê uma vida que apenas depende das leis. Acostumadas a obedecer e a temer, na idade da força, quando as paixões ainda não são controladas pela moderação, espécie de receio prudente que é o resultado da experiência e da idade, como poderão elas resistir aos obstáculos que o vício opõe incessantemente aos esforços da virtude, quando a velhice decrépita e temerosa lhes tirar a coragem de tentar reformas audaciosas, que aliás as seduzem pouco, porque não têm a esperança de recolher-lhes os frutos?

Nas repúblicas, em que todo homem é cidadão, a subordinação nas famílias não é consequência da força, porém de um contrato; e os filhos, logo que saem da idade em que a debilidade e a necessidade da educação os mantêm sob a dependência natural dos pais, fazem-se a partir daí membros livres da sociedade: se ainda ficam sob o domínio do chefe da família, é somente para participar das vantagens que esta lhe propicia, assim como os cidadãos se submetem, sem perder a liberdade, ao chefe da grande sociedade política.

Nas repúblicas formadas por famílias, os jovens, isto é, a parte mais considerável e mais útil do país, ficam à discrição dos pais. Nas repúblicas de homens livres, os únicos liames que prendem os filhos ao pai são os sentimentos sagrados e invioláveis da natureza, que convidam os homens a se auxiliarem reciprocamente em suas mútuas necessidades e que lhes fazem nascer o reconhecimento pelos benefícios recebidos.

Tais santos deveres são muito mais alterados pelos vícios das leis, que ordenam submissão cega e obrigatória, do que pela maldade do coração do homem.

Essa oposição entre as leis básicas dos Estados políticos e as leis de família é fonte de muitas outras contradições entre a moral pública e a moral privada, que se combatem continuamente no espírito de cada homem.

A moral particular apenas inspira a submissão e o receio, enquanto a moral pública anima a coragem e o espírito de liberdade.

Orientado pela primeira, o homem limita seu bem-estar ao círculo estreito de umas poucas pessoas que não escolheu. Inspirado pela outra, busca estender a felicidade sobre todas as classes da humanidade.

A moral privada requer que cada um se sacrifique continuamente a um falso deus chamado o bem da família, que frequentemente não é o bem verdadeiro de nenhum dos seus componentes. A moral pública ensina a buscar o bem-estar sem ferir as leis; e se às vezes excita um cidadão a sacrificar-se pela pátria, recompensa-o pelo entusiasmo que lhe inspira antes do sacrifício e pela glória que lhe promete.

Todas essas contradições levam os homens a desdenhar da prática da virtude, que não podem descobrir em meio às trevas de que a cercaram e que lhes parece distante, pois está envolta nessa obscuridade que esconde aos nossos olhos os objetos morais bem como os objetos físicos.

Quantas vezes o cidadão que reflete sobre seus antigos atos não se terá admirado de se considerar um mau homem?

À proporção que a sociedade aumenta, cada qual de seus membros se torna uma parte menor do todo, e o amor do bem público enfraquece na mesma medida, se as leis deixam de o fortalecer. As sociedades políticas têm, assim como o corpo humano, um crescimento limitado; não poderiam ir além de certos limites sem que a sua economia fosse perturbada.

Parece que a grandeza de um Estado estaria na razão inversa do grau de sensibilidade dos sujeitos que o compõem. Se tal sensibilidade aumentasse tanto quanto a população, as boas leis encontrariam um obstáculo, para prevenir os crimes no próprio bem que tivessem podido fazer.

Uma república muito grande só pode fugir ao despotismo repartindo-se num certo número de pequenos Estados reunidos. Contudo, para constituir essa união, seria necessário um ditador poderoso, que tivesse a coragem de um Sila,[21] com tanto gênio para construir quanto Sila o teve para destruir.

Se esse homem for ambicioso, poderá esperar a glória imortal. Se for filósofo, as bênçãos de seus concidadãos o consolarão da perda de sua autoridade, mesmo sem lhes pedir reconhecimento.

Quando os sentimentos que nos prendem à nação começam a enfraquecer, os que nos unem aos objetos que nos rodeiam adquirem novas forças. Desse modo, sob o despotismo feroz, os laços da amizade são mais duradouros; e as virtudes familiares (que são sempre débeis) tornam-se então as mais comuns, ou antes, as únicas que ainda se praticam.

Depois de todas essas observações, pode-se considerar o quanto foram passageiras e limitadas as opiniões da maioria de nossos legisladores.

## § XL

## DO ESPÍRITO DO FISCO

Tempo houve em que todas as penas eram pecuniárias. Os delitos dos súditos eram para o príncipe uma espécie de patrimônio. Os atentados contra a segurança pública eram objeto de lucro, a respeito do qual se sabia especular. O monarca e os juízes consideravam seu interesse nos crimes que deveriam prevenir. Os julgamentos não eram, na época, senão um processo entre o fisco que recebia o preço do crime e o culpado que devia pagá-lo. Fazia-se disso um negócio civil, contencioso, como se fosse uma briga particular, e não se tratasse do bem público. Parecia que o fisco tinha outros direitos a exercer além de proteger a tranquilidade pública, e o réu, outras penas a sofrer além daquelas que a necessidade do exemplo pedia.

---

[21] Ditador romano. Condenou ao desterro os seus adversários políticos; reformou, em um sentido favorável ao senado, a constituição romana, obtendo com isso enorme influência (136–80 a.C.). (N. E.)

O magistrado, que devia apurar a verdade com espírito imparcial, não era senão o advogado do fisco; e aquele chamado protetor e ministro das leis era somente o exator dos dinheiros do príncipe.

Em tal sistema, quem se declarasse culpado se reconhecia, pela confissão mesma, devedor do fisco; e como era essa a finalidade de todos os processos criminais, toda a arte do magistrado consistia em conseguir essa confissão do modo mais favorável aos interesses do fisco.

É também para essa mesma finalidade fiscal que se encaminha hoje toda a jurisprudência criminal, pois as consequências permanecem por muito tempo depois de cessadas as causas.

O acusado que recusa declarar-se culpado, ainda que convicto por provas evidentes, sofrerá um castigo mais leve do que se tivesse confessado; não lhe será aplicada a tortura pelos outros delitos que poderia ter praticado, exatamente porque não confessou o delito principal de que está convicto. Contudo, se o delito é confessado, o magistrado apossa-se do corpo do culpado; despedaça-o metodicamente; e dele faz, por assim dizer, um fundo do qual retira todo proveito que pode.

Reconhecida a existência do delito, a confissão do réu toma-se prova convincente. Crê-se tornar essa prova menos suspeita quando se arranca a confissão do delito pelos tormentos e pelo desespero; e estabeleceu-se que a confissão não é suficiente para condenar o culpado se este culpado se mostra calmo, fala com desembaraço, e não está rodeado pelas formalidades judiciárias e pelo aparato aterrador dos suplícios.

São excluídas com cuidado da instrução de um processo as inquirições e as provas que, elucidando o fato de modo a favorecer o réu, poderiam prejudicar as pretensões do fisco; e se se poupam, algumas vezes, certos tormentos ao réu, não é nem por piedade para com o infortúnio nem por indulgência para com a debilidade; é porque as confissões conseguidas são suficientes para os direitos do fisco, esse ídolo que já não passa de uma quimera e que a mudança das circunstâncias torna inconcebível.

O magistrado, no exercício de suas funções, não é senão o inimigo do culpado, isto é, de um desgraçado curvado ao peso dos grilhões, minado pela dor, que os tormentos aguardam e que o futuro mais terrível rodeia de horror e de assombro. Ele não procura a verdade; deseja descobrir no acusado um culpado; cria armadilhas, parece ter tudo a perder e receia, em caso contrário, conseguir convencer o acusado e diminuir a infalibilidade que o homem se arroga em todas as coisas.

O magistrado pode determinar por que indícios se pode prender um cidadão. É declarar que esse cidadão é culpado antes de poder provar que é inocente. Tal informação não será parecida a um procedimento ofensivo? E aí está, todavia, a marcha da jurisprudência criminal, em quase toda a Europa, no século XVIII, em plena luz. Pouco se conhece nos tribunais do verdadeiro processo das informações, isto é, da investigação imparcial do evento, prescrita pela razão, seguida nas leis militares, utilizada até por esses tiranos da Ásia, nos assuntos que apenas interessam aos particulares.

Nossos descendentes, certamente mais felizes que nós, terão dificuldade em conceber essa complicação tortuosa dos mais esquisitos absurdos e esse sistema de iniquidades incríveis, que apenas o filósofo julgará possível, estudando a natureza do coração humano.

## § XLI

## DOS MEIOS DE PREVENIR CRIMES

É preferível prevenir os delitos a ter de puni-los; e todo legislador sábio deve antes procurar impedir o mal que repará-lo, pois uma boa legislação não é mais do que a arte de proporcionar aos homens a maior soma de bem-estar possível e livrá-los de todos os pesares que se lhes possam causar, conforme o cálculo dos bens e dos males desta existência.

Contudo, os processos até hoje utilizados são geralmente insuficientes ou contrários à finalidade que se propõem. Não se pode submeter a atividade tumultuosa de uma massa de cidadãos a uma ordem geométrica, que não mostre irregularidade nem confusão. Ainda que as leis da natureza sejam sempre simples e constantes, não impedem que os planetas mudem às vezes os movimentos rotineiros. Como poderiam, portanto, as leis humanas, no entrechoque das paixões e dos sentimentos opostos da dor e do prazer, impedir que não haja alguma perturbação e certo desarranjo na sociedade? Esta é, contudo, a quimera dos homens limitados, quando possuem algum poder.

Se são proibidos aos cidadãos muitos atos indiferentes, atos os quais nada têm de prejudicial, não se previnem os delitos: em vez disso, faz-se que apareçam novos, pois se mudam de modo arbitrário as ideias comuns de vício e de virtude, que ainda se proclamam eternas e imutáveis.

Além disso, a que ficaria o homem reduzido, se houvesse necessidade de proibir-lhe tudo que pudesse ser-lhe ocasião de praticar o mal? Seria preciso começar por tirar-lhe o uso dos sentidos.

Para uma causa que impele os homens a cometer um delito, existem mil outras que os impelem a ações indiferentes, que apenas são delitos perante as leis más. Ora, quanto mais se estender a esfera dos delitos, tanto mais se fará que sejam praticados, pois se verão os crimes aumentarem à proporção que as razões de crimes especificados pelas leis forem mais numerosas, especialmente se a maioria de tais leis não for mais do que privilégios de um pequeno número de senhores.

Desejais prevenir os crimes? Fazei leis simples e claras; e esteja o país inteiro preparado a armar-se para defendê-las, sem que a minoria de que falamos se preocupe constantemente em destruí-las.

Que elas não favoreçam qualquer classe em especial; protejam igualmente cada membro da sociedade; tema-as o cidadão e trema apenas diante delas. O temor que as leis inspiram é saudável, o temor que os homens inspiram é uma fonte nefasta de delitos.

Os homens no estado de escravidão são sempre mais debochados, mais covardes, mais cruéis do que os homens em estado de liberdade. Estes investigam as ciências; ocupam-se com os interesses do país; veem os objetos de um ponto de vista elevado e fazem grandes coisas. Contudo, os escravos, contentes com os prazeres do momento, buscam no ruído do deboche uma distração para o aniquilamento em que estão imersos. Toda sua existência está rodeada de dúvidas e, como para eles os crimes não estão determinados, não conhecem as suas consequências: e isso dá nova força à paixão que os leva a praticá-los.

Em um povo que o clima faz que seja indolente, a incerteza das leis entretém e faz crescer a inatividade e a estupidez.

Em um país voluptuoso, porém ativo, as leis incertas fazem que a atividade dos cidadãos fique limitada a pequenas cabalas e intrigas surdas, que disseminam a desconfiança. Então, o homem mais prudente é o que sabe melhor fingir e atraiçoar.

Em um povo forte e valoroso, a incerteza das leis é forçada por fim a substituir-se por uma legislação exata; isso, contudo, só acontece após revoluções continuadas, que levaram esse povo, alternativamente, da liberdade à escravidão e desta à liberdade.

Desejais evitar os crimes? Caminhe a liberdade acompanhada das luzes. Se as ciências produzem alguns malefícios, é quando são pouco difundidas; porém, à proporção que se espalham, as vantagens que propiciam se tornam maiores.

Um impostor audacioso (que não pode ser homem vulgar) faz-se deificar por um povo ignaro e apenas é motivo de desprezo para uma nação esclarecida.

O homem com instrução sabe comparar os objetos, analisá-los de diferentes pontos de vista e modificar os próprios sentimentos pelos dos outros, pois vê nos seus semelhantes os mesmos desejos e as mesmas aversões que agem sobre o seu coração.

Se prodigalizardes luzes ao povo, a ignorância e a calúnia desaparecerão diante delas, a autoridade injusta tremerá, somente as leis ficarão inabaláveis, todo-poderosas, e o homem esclarecido amará uma constituição cujas vantagens são notórias, quando conhecidos os seus dispositivos, e que dá fundamentos sólidos à segurança pública. Poderá ele lamentar essa inútil partícula de liberdade de que se privou, se a comparar com a soma de todas as demais liberdades que os seus concidadãos sacrificaram, e se pensar que, sem as leis, estes últimos poderiam armar-se e unir-se contra ele?

O cidadão que tem alma sensível constata que, sob boas leis, apenas perdeu a nefasta liberdade de cometer o mal, e é obrigado a bendizer o trono e o monarca que só o ocupa para proteger.

Não é correto que as ciências sejam prejudiciais para a humanidade. Se algumas vezes deram maus resultados, é que o mal era inevitável. Com a multiplicação dos homens sobre a terra, viram-se nascer a guerra, algumas artes grosseiras, e as primeiras leis, que não eram mais do que convenções passageiras e que desapareciam com a necessidade momentânea que as gerara. Foi aí que a filosofia começou a surgir; seus primeiros princípios foram pouco numerosos e sabiamente adotados, porque a inação e a pouca sagacidade dos primeiros homens os preservaram de muitos erros.

Contudo, multiplicadas as necessidades juntamente com a espécie humana, foram necessárias impressões mais fortes e mais duradouras para obstar as voltas frequentes, e cada dia mais prejudiciais, ao estado selvagem. Foram, portanto, um grande bem para o gênero humano (digo um grande bem sob o aspecto político) os primeiros erros religiosos que encheram o universo de falsos deuses e que criaram um mundo invisível de espíritos com o encargo de dirigir a terra.

Foram os benfeitores da humanidade esses homens corajosos que ousaram iludir seus semelhantes para os servir e que levaram a ignorância audaciosa até o pé dos altares. Mostrando aos homens objetos que estavam além dos sentidos, despertaram-lhes o interesse na investigação desses objetos, que fugiam diante deles à proporção que os consideravam mais próximos; obrigaram-nos a respeitar o que não conheciam bem e souberam concentrar para essa finalidade única, que os impressionava fortemente, todas as paixões que os sacudiam.

Essa foi a sorte de todas as nações formadas da reunião de diversas povoações selvagens. Foi o tempo da formação das grandes sociedades; e as ideias religiosas foram indubitavelmente o único liame que pôde forçar os homens a viverem constantemente debaixo de leis.

Não falo desse povo escolhido por Deus. Os milagres mais incríveis e os favores mais evidentes que o céu lhe prodigalizou substituíram a política humana.

Contudo, como os erros podem ser subdivididos até ao infinito, as falsas ciências que esses erros criaram tornaram os homens uma multidão fanática e cega, perdidos no labirinto em que se fecharam e prestes a chocar-se a cada passo. Então, alguns filósofos de sensibilidade lamentaram o antigo estado selvagem; e foi nessa primeira época que os conhecimentos, ou melhor, as opiniões, se tornaram funestas ao gênero humano.

Pode-se considerar como época quase idêntica o instante terrível em que é preciso passar do erro à verdade, das trevas à luz. O formidável choque dos preconceitos úteis a um pequeno número de homens poderosos contra as verdades vantajosas à débil multidão, e a fermentação de todas as paixões revoltadas provocam males infinitos aos desgraçados mortais.

Percorrendo a História, cujos eventos principais, após certos intervalos, reproduzem-se quase sempre, paremos na passagem perigosa, porém indispensável, da ignorância à filosofia, e portanto da escravidão à liberdade; e constataremos o quão frequentemente uma geração inteira é sacrificada à felicidade daquela que deve suceder-lhe.

Quando, entretanto, a paz está restabelecida, quando já se apagou o incêndio cujas chamas purificaram a nação, libertando-a dos males que a oprimiam, a verdade, que antes se arrastava lentamente, precipita os passos, põe-se nos tronos junto aos soberanos e, finalmente, nas assembleias dos povos, especialmente nas repúblicas, obtém culto e altares.

Poder-se-á crer, então, que as luzes que iluminam o povo são mais perigosas do que as trevas? E que filósofo haverá que se persuada de que a noção perfeita das relações que ligam os objetos entre si possa ser prejudicial ao gênero humano?

Se o meio-saber é mais perigoso do que a completa ignorância, porque aos malefícios que a ignorância produz acrescentam os erros incontáveis que advêm inevitavelmente de uma visão limitada aquém dos limites da verdade, indubitavelmente o dom mais precioso que um monarca concederá à nação e a si próprio é confiar o depósito sagrado das leis a um homem esclarecido. Habituado a ver a verdade sem temê-la, acima dessa necessidade geral dos votos públicos, necessidade que jamais é satisfeita e que tão comumente faz morrer a virtude; acostumado a tudo considerar dos pontos de vista mais altos, ele enxerga o país como uma família, os seus concidadãos como irmãos; e a distância que separa os grandes do povo parece-lhe tanto menor quanto sabe envolver com o olhar uma maior massa de homens.

O sábio tem necessidades e tem interesses que o vulgo não conhece; para ele é uma necessidade não desmentir, em sua conduta pública, as normas que estabeleceu em seus escritos e o costume que adquiriu de amar a verdade por si mesma.

Esses homens fariam a felicidade de uma nação; contudo, para tornar duradoura essa felicidade, é necessário que boas leis aumentem de tal modo o número dos sábios que quase se torne impossível uma escolha errônea.

Outra maneira de prevenir os crimes é afastar do santuário das leis até a sombra da corrupção, despertando nos juízes o interesse de manter em toda a sua pureza o depósito que o país lhes confia.

Quanto mais numerosos forem os tribunais, tanto menos se poderá temer que desrespeitem as leis, pois, entre vários homens que se observam mutuamente, o interesse em aumentar a autoridade comum é tanto menor quanto menor a parcela de autoridade de cada um e muito pouco considerável para contrabalançar os perigos da empresa.

Se o monarca concede muito aparato, pompa e autoridade à magistratura; se, por outro lado, fecha qualquer acesso aos reclamos justos ou mal fundados do fraco, que se considera oprimido; se habitua os súditos a temer os juízes mais do que as leis, aumentará indubitavelmente o poder destes, mas só à custa da segurança pública e particular.

Os crimes podem ainda ser prevenidos recompensando-se a virtude; e pode-se notar que as leis atuais de todos os países guardam a tal respeito um profundo silêncio.

Se os prêmios concedidos pelas academias aos que fazem descobertas úteis aumentaram os conhecimentos e o número dos bons livros, por que as recompensas oferecidas por um soberano benfeitor não alargariam também as ações virtuosas?

A moeda da honra, distribuída com sabedoria, nunca se esgota e produz sempre bons frutos.

Finalmente, a maneira mais segura, porém ao mesmo tempo mais difícil de tornar os homens menos propensos à prática do mal, é aperfeiçoar a educação.

O assunto é muito vasto para caber nos limites que me prescrevi. Ouso, contudo, dizer que está tão intimamente ligado com a natureza do governo, que será apenas um campo árido e cultivado só por um pequeno número de sábios, até chegarem os séculos ainda distantes em que as leis não terão outra finalidade senão a felicidade do povo.

Um grande homem, que esclarece os seus semelhantes e que é por estes perseguido, desenvolveu as máximas precípuas de uma educação verdadeiramente útil.[22] Fez ver que ela consistia muito menos na confusa multidão dos assuntos que se apresentam às crianças, do que na escolha e na precisão com as quais lhes são expostos.

Provou que é necessário trocar as cópias pelos originais nos fenômenos morais ou físicos que o acaso ou a habilidade do professor enseja ao espírito do aluno.

Ensinou a encaminhar as crianças para a virtude, pela estrada arejada do sentimento, a afastá-las do mal pela força invencível da necessidade e dos inconvenientes que acompanham a má ação.

Demonstrou que o método incerto da autoridade severa teria de ser posto de lado, pois produz apenas uma obediência hipócrita e passageira.

## § XLII

## CONCLUSÃO

De tudo o que acaba de ser exposto pode-se deduzir um teorema geral de muita utilidade, porém pouco conforme ao uso, que é o legislador comum dos países:

---

[22] Alude-se aqui à obra de Jean-Jacques Rousseau, *Emílio*, de 1762. (N. E.)

É que, para não ser um ato de violência contra o cidadão, a pena deve ser, de modo essencial, pública, pronta, necessária, a menor das penas aplicáveis nas circunstâncias dadas, proporcionada ao delito e determinada pela lei.

# APÊNDICE

## Respostas às *Notas e observações* de um frade dominicano sobre o livro *Dos delitos e das penas*

Essas *Notas e observações* são apenas uma coleção de injúrias contra o autor do livro *Dos delitos e das penas*, que é classificado como fanático, impostor, escritor falso e perigoso, satírico desenfreado, sedutor do público. É acusado de destilar o fel mais acre, de reunir a contradições odiosas os traços pérfidos e escondidos da dissimulação e de ser obscuro por perversidade. O crítico pode ficar seguro de que não irei responder às injúrias pessoais.

Ele apresenta o meu livro como uma obra horrível, virulenta e de uma licenciosidade deletéria, infame, ímpia. Nele encontra blasfêmias impudentes, insolentes ironias, anedotas indecentes, sutilezas perigosas, pilhérias escandalosas, calúnias grosseiras.

A religião e o respeito que se deve aos soberanos são o pretexto para as duas mais pesadas acusações que se encontram nessas *Notas e observações*. Estas serão as únicas às quais me considerarei obrigado a responder. Iniciemos pela primeira.

### I. ACUSAÇÃO DE IMPIEDADE

1) "O autor do livro *Dos delitos e das penas* desconhece essa justiça que se origina no legislador eterno, que tudo vê e prevê."

Aqui está mais ou menos o silogismo do autor das *Notas*.

"O autor do livro *Dos delitos* não aprova que a interpretação da lei esteja na dependência da vontade e do capricho de um magistrado. — Ora, o que não deseja confiar a interpretação da lei à vontade e aos caprichos de um magistrado não acredita numa justiça que venha de Deus. — O autor não admite, portanto, uma justiça puramente divina ...”

2) “Segundo o autor do livro *Dos delitos e das penas*, a Escritura Santa só contém imposturas.”

Em toda a obra *Dos delitos e das penas*, se trata da Escritura Sagrada uma só vez: é quando, a propósito de erros religiosos, no capítulo XLI, eu afirmei que não falava desse povo eleito de Deus, em que os milagres mais evidentes e as graças mais notáveis substituíram a política humana.

3) “Toda a gente sensata viu no autor do livro *Dos delitos e das penas* um inimigo do cristianismo, um mau homem e um mau filósofo.”

Não me importa nem um pouco parecer ao meu crítico bom ou mau filósofo; aqueles que me conhecem afirmam que não sou mau homem.

Serei, então, inimigo do cristianismo, quando insisto que a manutenção da tranquilidade dos templos deve ser assegurada sob a proteção governamental, e quando afirmo, ao falar da sorte das grandes verdades, que a revelação é a única que manteve sua pureza, em meio às nuvens tenebrosas com que o erro envolveu o universo durante tantos séculos?

4) “O autor do livro *Dos delitos e das penas* fala da religião como se ela fosse um simples princípio político.”

O autor do livro *Dos delitos e das penas* chama a religião “um dom sagrado do céu”. Poder-se-ia provar que ele trata como simples princípio político o que lhe parece um dom sacrossanto do céu?

5) “O autor é inimigo declarado do Ser supremo.”

Peço, com todo o meu coração, que esse Ser supremo perdoe a quantos me ofendem.

6) “Se o cristianismo provocou algumas desventuras e alguns morticínios, exagera-os e faz silêncio a respeito dos benefícios e

das vantagens que a luz do Evangelho disseminou sobre toda a humanidade."

Em meu livro não se achará nenhum lugar onde se nomeiem os malefícios provocados pelo Evangelho; não citei sequer um fato apenas que tenha relação com isso.

7) "O autor lança blasfêmia contra os ministros da religião, quando afirma que suas mãos sujaram-se no sangue humano."

Todos aqueles que escreveram a História, desde Carlos Magno até Otão I, o Grande, e ainda depois desse príncipe, proferiram muitas vezes idêntica blasfêmia. Desconhecer-se-á que, por três séculos, os abades e os bispos nenhum escrúpulo manifestaram em caminhar para a guerra? E não será o caso de dizer, sem blasfêmia, que os sacerdotes que se achavam em meio às batalhas e que tomaram parte na carnificina sujavam as mãos de sangue humano?

8) "Os prelados da Igreja Católica, tão recomendáveis por sua suavidade e humanidade, figuram, no livro *Dos delitos e das penas*, como os autores de suplícios tão bárbaros quanto inúteis."

Não tenho culpa por ter de repetir, mais de uma vez, a mesma coisa. Não poderá ser citada em minha obra uma frase apenas que afirme que os sacerdotes inventaram suplícios.

9) "A heresia não pode ser chamada de crime de lesa-majestade divina, conforme o autor do livro *Dos delitos e das penas*.

Não existe, em todo o meu livro, um termo que dê margem a tal imputação. Propus-me a tão somente tratar dos *delitos e das penas*, e não dos *pecados*.

Afirmei, a propósito do crime de lesa-majestade, que apenas a ignorância e a tirania que confundem as palavras e as ideias mais claras podem nomear assim e castigar como tais, com a morte, crimes de natureza diferente. O crítico talvez não saiba o quanto se abusa da palavra "lesa-majestade" nas épocas de despotismo e ignorância, apondo-a a crimes de gênero totalmente diverso, pois não levavam imediatamente à destruição da sociedade. Consulte a lei dos imperadores Graciano, Valentiniano e Teodósio; note como eram tidos como criminosos de lesa-majestade os que ousavam duvidar da bondade da escolha do imperador, na ocasião em que ele dava algum emprego. Uma outra lei, de Valentiniano, de Teodósio e de Arcádio, ensinar-lhe-á que os moedeiros falsos também eram criminosos de lesa-majestade. Era necessário um decreto do Senado para libertar da acusação de lesa-majestade aquele que tivesse fundido estátuas dos imperadores, ainda que velhas e mutiladas. Apenas depois de um edito dos imperadores Severo e Antonino é que se deixou de intentar a ação de lesa-majestade contra aqueles que vendiam as estátuas dos imperadores; e esses príncipes fizeram publicar um decreto que proibia a perseguição por esse delito àqueles que porventura tivessem atirado uma pedra contra a estátua de um imperador. Domiciano condenou à morte uma dama de Roma, porque se despiu diante de sua estátua. Tibério mandou executar, como criminoso de lesa-majestade, um cidadão que vendera uma casa onde estava a estátua do imperador.

Em séculos menos afastados do nosso, verá Henrique VIII de tal maneira abusar das leis, que fez morrer por um suplício infamante o Duque de Norfolk, a pretexto de lesa-majestade, e porque ele juntara as armas da Inglaterra às de sua família. Esse soberano até mesmo declarou culpado do mesmo crime quem se atrevesse a prever a morte do príncipe; por causa disso, em sua última enfermidade, os médicos se recusaram a preveni-lo do perigo em que se encontrava.

10) "De acordo com o autor de *Dos delitos e das penas*, os hereges anatematizados pela Igreja e proscritos pelos príncipes são vítimas de uma palavra."

Todas essas interpretações são forçadas. Limitei-me a discorrer sobre o crime de lesa-majestade humana; e a palavra "lesa-majestade" serviu frequentemente de pretexto à tirania, especialmente ao tempo dos imperadores romanos. Qualquer ação que tivesse a desventura de lhes desagradar tornava-se logo um delito de lesa-majestade. Suetônio afirma que o delito de lesa-majestade era o crime daqueles que não tinham praticado qualquer delito. Se eu afirmei que a ignorância e o despotismo deram tal nome a crimes de natureza diversa e fizeram os homens vítimas de uma palavra, não fiz mais que falar de acordo com a História.

11) "Não será uma terrível blasfêmia assegurar, como o faz o autor do livro *Dos delitos e das penas*, que a eloquência, a declamação e as mais excelsas verdades são um freio muito fraco para deter por muito tempo as paixões humanas?"

Não julgo que a acusação de blasfêmia possa recair sobre o que afirmei da eloquência e da declamação. O acusador desejou, certamente, referir-se à insuficiência que eu atribuo "às mais sublimes virtudes". Indago-lhe se considera que na Itália se conhecem essas sublimes verdades, isto é, as da fé. Sem dúvida, responder-me-á que sim. Contudo, tais verdades serviram de freio às paixões dos homens na Itália? Todos os oradores sagrados, todos os magistrados, todos os homens, em uma palavra, garantir-me-ão o contrário. É um fato, portanto, que as excelsas verdades são, para as paixões dos homens, um freio que não as refreia ou que logo se parte; e, enquanto houver em um país católico juízes, criminosos, prisões e penas, estará demonstrada a insuficiência das excelsas verdades.

12) "O autor do livro *Dos delitos e das penas* escreve imposturas sacrílegas contra a Inquisição."

Meu livro não menciona, nem direta nem indiretamente, a Inquisição. Indago, contudo, ao meu acusador se lhe parece bem de acordo com o espírito da Igreja a condenação de homens ao suplício nas fogueiras. Não é do próprio seio de Roma, sob os olhos do vigário de Cristo, na capital da religião católica, que se cumprem nos dias atuais, para com os protestantes de qualquer país, todos os deveres de humanidade e de hospitalidade? Os últimos papas, e especialmente o atual, receberam e recebem com grande bondade os ingleses, os holandeses e os russos; tais povos, de seitas e religiões diversas, desfrutam em Roma de toda a liberdade possível e ninguém está mais seguro do que eles de gozar ali da proteção das leis e do governo.

13) "O autor do livro *Dos delitos e das penas* representa, debaixo de cores odiosas, as ordens religiosas e especialmente os frades."

Muito difícil seria apontar um só lugar de meu livro que mencione ordens religiosas ou de frades, a não ser que se interprete de modo arbitrário o capítulo em que discorro sobre a ociosidade.

14) "O autor do livro *Dos delitos e das penas* é um desses escritores sem fé, para os quais os eclesiásticos não são senão charlatães; os monarcas, tiranos; os santos, fanáticos; a religião, impostura; e que nem sequer respeitam a majestade do Criador, contra o qual vomitam blasfêmias hediondas."

Passemos às acusações de sedição.

## II. ACUSAÇÕES DE SEDIÇÃO

1) "O autor do livro *Dos delitos e das penas* julga todos os príncipes e todos os soberanos do século como déspotas cruéis."

Apenas uma vez falei em meu livro dos soberanos e dos príncipes que reinam atualmente na Europa; e aqui está o que afirmo: "Feliz o gênero humano, se pela vez primeira recebesse leis! Hoje, que vemos elevados aos tronos da Europa etc." (Ver o fim do cap. XVI).

2) "Não podem deixar de surpreender a confiança e a liberdade com que o autor do livro *Dos delitos e das penas* se volta com fúria contra os monarcas e os eclesiásticos."

A confiança e a liberdade não representam um mal. "*Qui ambulat simpliciter, ambulat confidenter; qui autem depravat vias suas, manifestus erit*."[23]

Se aplaudi nos súditos certo espírito de independência, foi na proporção em que se submetessem às leis e fossem respeitosos para

[23] "Quem caminha livremente, caminha com confiança; porém, quem se desvia do seu caminho será descoberto." (N. E.)

com os primeiros juízes. Quero até que os homens, não precisando temer a escravidão, porém desfrutando a sua liberdade sob a proteção das leis, se tornem soldados intrépidos, defensores da pátria e do trono, cidadãos cheios de virtude e juízes incorruptíveis, que levem para junto do trono os tributos e o amor de todas as ordens do país e que disseminem nas choupanas a segurança de uma sorte sempre mais doce. Não estamos mais nos tempos de Calígula, de Nero, de Heliogábalo; e o crítico pouquíssima justiça faz aos príncipes reinantes, crendo que os meus princípios possam ofendê-los.

3) "O autor do livro *Dos delitos e das penas* assegura que o interesse do particular supera o de toda a sociedade em geral dos que a representam."

Se tal absurdo estivesse no livro *Dos delitos e das penas*, não acredito que o meu contendor escrevesse um livro de 191 páginas para refutá-lo.

4) "O autor do livro *Dos delitos e das penas* não confere aos monarcas o direito de castigar com a morte."

Como aqui não se trata nem de religião nem de governo, porém apenas da exatidão de um raciocínio, meu acusador tem inteira liberdade de julgar o que desejar. Reduzo o meu silogismo desta maneira:

Não se deve impor a pena de morte, se esta não é realmente útil e necessária;

Contudo a pena de morte não é necessária nem realmente útil;

Portanto, não se deve infligir a pena de morte.

Este não é o local para uma explanação sobre os direitos dos monarcas. O crítico não desejará, por certo, sustentar que se deva impor a pena de morte, ainda que ela não seja realmente útil, nem necessária. Proposta tão cruel e escandalosa não pode vir da boca de um cristão. Se a segunda parte do silogismo não é correta, tratar-se-á de um crime de lesa-lógica e jamais de lesa-majestade. Podem, mesmo, escusar-se os meus pretensos erros; parecem-se eles com aqueles em que caíram tantos cristãos zelosos da primitiva

Igreja;[24] parecem-se com aqueles em que caíram os frades da época de Teodósio, o Grande, ao fim do século IV. Em seus *Anais da Itália*, afirma Muratori[25] que, no ano 389, "Teodósio publicou uma lei pela qual determinava aos frades que ficassem nos conventos, pois levavam a caridade pelo próximo até o ponto de subtrair os criminosos da mão da justiça, não desejando que se matasse ninguém". A minha caridade não vai tão longe e aceitarei, de boa vontade, que a daquele tempo se regia por falsos princípios. Uma ação violenta contra a autoridade pública é sempre criminosa.

Ainda tenho duas palavras a dizer. Existirá no mundo uma lei que proíba afirmar-se ou escrever-se que um Estado pode existir e manter a paz interna sem utilizar a pena de morte contra qualquer culpado? Deodoro[26] conta (liv. I, cap. LXV) que Sabacão, rei do Egito, tornou-se modelo de clemência, por comutar as penas capitais em escravidão e por dar emprego feliz à sua autoridade condenando os culpados aos trabalhos públicos. Estrabão[27] (liv. XI) informa-nos que havia, junto ao Cáucaso, algumas nações que desconheciam a pena de morte ainda quando o crime merecia os maiores tormentos, "*nemini mortem irrogare, quamvis pessima merito*".[28] Essa verdade é consignada na História romana, à época da lei Pórcia, que proíbe que se tire a vida de um cidadão romano se a sentença de morte não estiver confirmada por todo o povo. Tito Lívio[29] fala dessa lei (liv. X, cap. IX). Por fim, o exemplo próximo de um reinado de vinte anos, no maior império do mundo, a Rússia, demonstra ainda esta

---

[24] Podem consultar-se os santos padres e, entre outros, Tertuliano, na sua *Apologia*, cap. XXXVII, onde afirma que os cristãos tinham por máxima *sofrer antes a própria morte do que dá-la a alguém*. E, em seu *Tratado de idolatria*, caps. XVII e XXI, condena ele toda espécie de cargos públicos, como interditos aos cristãos, pois não era possível exercê-los sem que, às vezes, se fosse obrigado a pronunciar a pena de morte contra os celerados. (N. A.)

[25] Ludovico Antonio Muratori, historiador italiano (1672–1750). (N. E.)

[26] Deodoro, autor de *Biblioteca histórica*. (N. E.)

[27] Geógrafo grego, que viveu à época de Tibério. (N. E.)

[28] "Não condenar ninguém à morte, nem mesmo pelo pior delito." (N. E.)

[29] Tito Lívio, historiador latino, nascido em Pádua; autor de *Décadas* (59 a.C. — 19 d.C.). (N. E.)

verdade: a imperatriz Isabel, morta há alguns anos, jurou, quando ascendeu ao trono dos czares, que não faria perecer nenhum culpado durante o seu reinado. Essa augusta princesa jamais deixou de cumprir o feliz compromisso que assumira, sem interromper o curso da justiça criminal e sem prejudicar a tranquilidade pública. Se tais fatos são irrefutáveis, será então exato dizer que um Estado pode subsistir e ser feliz sem castigar com a morte qualquer criminoso.

# Extrato da correspondência de Beccaria e de Morellet[30] sobre o livro *Dos delitos e das penas*

*De Morellet a Beccaria*

Paris, fevereiro de 1766

Senhor:

Sem a honra de vos conhecer, considero-me no direito de vos enviar um exemplar da tradução que fiz de vossa obra *Dei Delitti e delle Pene*. Os homens de letras são cosmopolitas e de todos os países; estão unidos por liames mais estreitos do que aqueles que unem os cidadãos de um mesmo país, os moradores de uma mesma cidade e os componentes de uma mesma família. Considero, portanto, poder entrar convosco em uma troca de ideias e de sentimentos que me será muito agradável, se não vos negardes ao entusiasmo de um homem que vos estima sem vos conhecer pessoalmente, mas que adquiriu tais sentimentos por vós lendo o vosso excepcional trabalho.

O Sr. de Malesherbes,[31] com quem tenho a honra de conviver, foi quem me empenhou em transcrever vosso livro para a nossa língua. Não precisava, para isso, esforçar-me muito. Era, para mim,

---

[30] André Morellet, abade, literato e economista francês, colaborador da *Enciclopédia* (1727–1819). (N. E.)

[31] Chrétien-Guilhaume de Malesherbes, magistrado, ministro ao tempo de Luís XVI, que foi por ele defendido na Convenção. Malesherbes morreu no cadafalso. (N. E.)

ocupação agradável tornar-me, para a minha nação e para os países em que nossa língua está difundida, o intérprete e o órgão das ideias fortes e grandes e dos sentimentos de benevolência de que a vossa obra está plena. Parecia-me que me associaria ao bem que fazíeis aos homens e que poderia, do mesmo modo, pretender algum reconhecimento da parte dos corações sensíveis, aos quais são caros os interesses do gênero humano.

Hoje são decorridos oito dias do aparecimento de minha tradução. Não quis vos escrever antes, pois considerei dever meu aguardar que pudesse esclarecer-vos sobre a repercussão de vossa obra. Ouso, portanto, assegurar-vos, senhor, que o êxito é total e que, além da atenção que o livro desperta, formaram-se em relação ao autor sentimentos que vos podem lisonjear muito mais, isto é, a estima, o reconhecimento, o interesse, a amizade. Estou, em particular, encarregado de vos apresentar os agradecimentos e as saudações do Sr. Diderot,[32] do Sr. Helvetius,[33] do Sr. Buffon.[34] Já conversamos muito com o Sr. Diderot a respeito de vossa obra, que é muito capaz de inflamar uma cabeça tão quente como é a dele. Terei algumas observações a vos dirigir, que são o fruto de nossas conversas. O Sr. de Buffon valeu-se das expressões mais fortes para demonstrar-me o prazer que vosso livro lhe provocou; e pede-vos que aceiteis os seus cumprimentos. Levei também o vosso livro ao Sr. Rousseau, que se encontra em Paris de viagem para a Inglaterra, onde vai se fixar, e que parte por estes dias. Não posso ainda dizer-vos sua impressão, pois não voltei a vê-lo. Talvez venha a conhecê-la hoje por meio do Sr. Hume,[35] em companhia de quem irei jantar; estou, contudo, certo da impressão que ele terá. O Sr. Hume,

---

[32] Denis Diderot, filósofo francês, um dos fundadores da *Enciclopédia* (1713–1784). (N. E.)

[33] Claude-Arien Helvetius, filósofo francês, autor de *Do espírito* (1715–1771). (N. E.)

[34] Georges-Louis Leclerc de Buffon, naturalista e escritor francês, autor de *História natural* (1707–1778). (N. E.)

[35] David Hume, filósofo inglês, autor de *Ensaio sobre o entendimento humano* (1711–1776). (N. E.)

que vive há tempos entre nós, encarregou-me, do mesmo modo, de dizer-vos mil coisas de sua parte.

A essas pessoas, que vós conheceis pela sua reputação, acrescento um nome infinitamente estimável que as congrega em sua residência, o Sr. Barão d'Holbach,[36] autor de ótimos trabalhos impressos de química e de história natural, e de inúmeros outros que não foram publicados; filólogo profundo, juiz muito esclarecido de todos os gêneros de conhecimentos, alma sensível e aberta à amizade. Não posso vos expressar a impressão que vosso livro lhe provocou, nem o quanto ele ama e estima a obra e o autor. Como passamos a vida em casa dele, seria necessário que o conhecêsseis primeiro, pois, se pudermos ter a honra de o atrair a Paris, esta casa será a vossa. Remeto-vos, portanto, também, os seus agradecimentos e os seus cumprimentos. Não vos falo do Sr. d' Alembert, que vos escreveu e me disse que queria acrescentar ainda uma palavra à minha carta. Deveis saber a opinião dele a respeito de vossa obra. Quanto à tradução, compete-lhe dizer-vos se ficou satisfeito...

Não vos escondi a maior razão que me levou a tratar de vos dar alguma boa opinião de mim: a esperança de que me podereis perdoar com mais facilidade a liberdade que tomei de introduzir algumas alterações na disposição de algumas partes do vosso trabalho. Apresentei no prefácio os motivos gerais que me justificam: convosco, entretanto, devo me estender um pouco a esse respeito. Para o espírito filosófico que se faz dono da matéria, nada mais simples do que o conjunto de vosso tratado, cujas partes se unem de modo estreito, e todas dependem de idêntico princípio. Contudo, para os leitores comuns e menos instruídos, e especialmente para os leitores franceses, penso ter seguido um caminho mais regular e em tudo mais de acordo com o espírito de minha nação e à maneira dos nossos livros.

---

[36] Paul-Henri Holbach, filósofo francês, amigo dos enciclopedistas (1723–1789). (N. E.)

A única objeção que devo recear é a censura de ter diminuído muito da força e do calor do original, em razão do próprio restabelecimento dessa ordem. Aqui estão minhas respostas: Sei que a verdade tem a maior necessidade da eloquência e do sentimento. Seria absurdo supor o contrário, e especialmente não seria convosco que se poderia opor tão estranho paradoxo. Contudo, se não é preciso sacrificar o calor à ordem, acredito não ser tampouco necessário sacrificar a ordem ao calor; e tudo caminhará bem se se puderem pôr de acordo essas duas coisas ao mesmo tempo. Resta, portanto, examinar se eu me saí bem nessa conciliação.

Se minha tradução apresenta menos calor do que o original, seria necessário atribuir essa falha a inúmeras outras causas, e não à diversidade da ordem. Seria ou a debilidade do estilo do tradutor, ou a natureza mesma de toda tradução, que deve estar abaixo do original, sobretudo nas coisas de sentimento.

Não vos devo dissimular outra objeção que me apresentaram. Disseram-me que um autor poderia se chocar ao ver em sua obra alterações ainda que úteis. Contudo, senhor, esse modo de ver não poderia ser o vosso. Assim ao menos o considerei. Um homem de gênio, autor de uma obra excepcional, plena de ideias novas e fortes, e excelente pelo fundo, deve poder escutar com frieza que o seu livro não possui toda a ordem de que podia ser suscetível. Deve mesmo ir até a adoção das alterações procedidas, se úteis e firmadas em boas razões. Aí está, senhor, a coragem que de vós aguardo. Rejeitai, dentre as alterações feitas por mim, as que vos parecerem mal compreendidas; mantende as que estiverem bem, e acreditai que somente tereis feito crescer a vossa reputação. Sois digno de que eu use para convosco dessa confiança, e fico lisonjeado de que o aproveis.

Acabarei minha justificativa citando-vos grandes autoridades que aplaudiram a liberdade que tomei. O Sr. d' Alembert[37] permite-me

[37] Jean le Rond d' Alembert, filósofo e matemático francês, um dos fundadores da *Enciclopédia* (1717-1783). (N. E.)

que vos diga ser essa a sua opinião. O Sr. Hume, que leu cuidadosamente o original e a tradução, é de igual parecer.

Poderia ainda citar-vos inúmeras pessoas cultas que assim também o julgaram.

A avidez com que o público acolheu aqui vossa obra faz-me crer que a nossa primeira edição logo estará esgotada e que, antes de um mês, será necessário publicar outra. Se, na disposição que apresentei, separei ideias que precisam estar ligadas, ou fiz aproximações que pareçam a vós que prejudica o sentido, peço-vos que a respeito me aponteis vossas observações, e numa nova edição não deixarei de me ater às vossas opiniões.

Finalizo, senhor, esta longa carta, pedindo-vos que me considereis como um dos vossos maiores admiradores e um dos homens que mais ardorosamente desejam participar de vossa estima e de vossa amizade. Muito me desgostaria a ideia de não poder dizer isso a vós pessoalmente. Estou ansioso por ter notícias vossas, saber vosso juízo a respeito de minha tradução, saber se continuais a caminhar na bela estrada que abristes para vós e a ocupar-vos com o bem da humanidade.

É com esses sentimentos de respeito, de estima e amizade que tenho a honra de ser etc.

Morellet

De Beccaria a Morellet

Milão, maio de 1766

Concedei-me, senhor, que empregue convosco as fórmulas utilizadas em vossa língua como mais cômodas, mais simples, mais reais, mais dignas por isso de um filósofo como vós. Concedei-me, do mesmo modo, que me valha de um copista, por ser a carta que vos escrevi pouquíssimo legível.

A mais profunda estima, o maior reconhecimento, a mais carinhosa amizade são os sentimentos que fez nascer em mim a carta encantadora que vos dignastes a escrever-me. Não saberia expressar-vos como fico honrado ao ver minha obra traduzida na língua de uma nação que ilumina e instrui a Europa. Tudo devo, também eu, aos livros franceses. Eles é que desenvolveram em minha alma os sentimentos de humanidade sufocados por oito anos de educação fanática. Já respeitava o vosso nome pelos ótimos artigos que inseristes na obra imortal da *Enciclopédia*; e foi para mim a mais agradável surpresa saber que um homem de letras de vossa reputação se dignava a fazer a tradução de meu tratado *Dos delitos*. Agradeço-vos, cordialmente, o presente que me fizestes de vossa tradução, assim como a vossa atenção em satisfazer o meu interesse em lê-la. Li-a com um prazer que não posso vos exprimir, e sou de opinião que embelezastes o original. Digo-vos, com a maior sinceridade, que a ordem que estabelecestes me parece, a mim mesmo, mais natural e preferível à minha, e que lamento que a nova edição italiana esteja prestes a ser concluída, pois do contrário eu me colocaria inteira ou quase inteiramente de acordo com o vosso plano.

Minha obra não perdeu coisa alguma de sua força na tradução que fizestes, a não ser nos lugares onde o caráter essencial a uma ou outra língua estabeleceu certa diferença entre a vossa expressão e a minha. A língua italiana é mais maleável e dócil, e talvez, por ser menos cultivada no gênero filosófico, possa adotar expressões que a vossa não utilizaria. Não encontro solidez na objeção que vos fizeram, de que a alteração da ordem poderia enfraquecer a obra. A força reside na escolha das expressões e na aproximação das ideias; e a confusão só pode prejudicar esses dois efeitos.

O medo de ferir o amor-próprio do autor não devia deter-vos mais. Primeiro, porque, como dissestes com razão em vosso ótimo prefácio, um livro em que se defende a causa da humanidade, desde que tornado público, pertence ao mundo e a todos os países; e com relação a mim, em particular, eu teria progredido muito pouco na filosofia do coração, que ponho acima da do espírito, se não tivesse adquirido a coragem de ver e amar a verdade. Espero que a quinta edição, que aparecerá em breve, logo se esgote; e asseguro-vos que na sexta atenderei inteiramente, ou quase inteiramente, a ordem de vossa tradução, que dá maior relevo às verdades que tratei de coligir. Digo "quase inteiramente", pois, por uma leitura única e rápida que fiz até este instante, não posso resolver-me com inteiro conhecimento de causa sobre as particularidades como já o fiz sobre o conjunto.

A impaciência que meus amigos mostram em ler a vossa tradução obrigou-me, senhor, a deixá-la escapar-se de minhas mãos logo após eu a ter lido, e sou obrigado a dar em outra carta a explicação de certas passagens que considerastes obscuras. Devo dizer-vos, contudo, que tive, ao escrever, os exemplos de Maquiavel, de Galileu e de Giannone diante de meus olhos. Escutei o ruído das cadeias sustentar a superstição, e os gritos de fanatismo sufocar os gemidos da verdade. A visão desse espetáculo medonho levou-me, algumas vezes, a envolver a luz nas nuvens. Pretendi defender a humanidade sem me tornar mártir. Tal ideia, de que eu devia ser obscuro, fez que eu me tornasse tal, sem necessidade. Ajuntai a isso a inexperiência e a falta de costume de escrever, escusáveis em um autor que apenas conta vinte e sete anos e que há cinco apenas entrou na carreira das letras.

Seria impossível para mim, senhor, pintar-vos a satisfação com a qual vejo o interesse que tendes por mim, e o quanto me comovem as demonstrações de estima que me dais, e que não posso aceitar sem ser vão, nem rejeitar sem vos injuriar. Recebi com igual reconhecimento e confusão as coisas lisonjeiras que me dissestes da parte desses homens célebres que honram a humanidade, a Europa e o seu país. D' Alembert, Diderot, Helvetius, Buffon, Hume, nomes famosos que não se pode escutar pronunciar sem ficar comovido, tanto quanto as suas obras imortais; são minha leitura constante, o objeto de minhas ocupações durante o dia e de minhas cogitações no silêncio da noite. Pleno das verdades que ensinais, como eu poderia exaltar o erro e envilecer-me ao ponto de mentir à posteridade?...

Minha única ocupação é cultivar em paz a filosofia, satisfazer assim três sentimentos muito presentes em mim: o amor à reputação literária, o amor à liberdade e a piedade pelas infelicidades dos homens, escravos de tantos erros. Data de cinco anos a época de minha conversão à filosofia, e devo-a à leitura das *Cartas persas*.[38]

---

[38] A obra *Cartas persas* foi publicada por Montesquieu, sob anonimato. Nesse livro, o autor, em correspondência imaginária de dois persas que chegam à Europa, dirigida aos amigos que ficaram na Pérsia, aborda temas como a política, a religião e a sociedade francesa de seu tempo. (N. E.)

A segunda obra que completou a revolução do meu espírito foi a do Sr. Helvetius. Ele lançou-me com força no caminho da verdade e foi quem primeiro despertou minha atenção para a cegueira e para as desventuras da humanidade. Devo à leitura do *Espírito* uma grande parcela de minhas ideias...

O Sr. Conde Firmiani retornou a Milão há vários dias, porém está muito ocupado, e ainda não pude vê-lo. Ele protegeu meu livro, e é a ele que devo minha tranquilidade.

Mandar-vos-ei logo algumas explicações das passagens que encontrastes obscuras e que não pretendo justificar, por que eu não escrevi para não ser entendido. Rogo-vos encarecidamente que me envieis vossas observações e as de vossos amigos, que eu as aproveite numa sexta edição. Dizei-me, especialmente, o resultado de vossas palestras a respeito de meu livro com o Sr. Diderot. Desejo vivamente conhecer que impressão teve de mim essa alma sublime...

Tenho a honra de ser etc.

Beccaria

Impressão e Acabamento
Bartiragráfica
(011) 4393-2911